How
Big Banks Fail
and
What to Do
about It

论大银行的倒掉

[美] 达雷尔·达菲／著　欧明刚／译

格致出版社　上海人民出版社

译者序
解决"大而不倒"问题的监管改革

金融危机以来,关于反思"大而不倒"问题的论述可谓汗牛充栋。本书则从大型交易商银行的倒闭机制来寻找引发危机的关键因素,并寻求相应的解决之道。本书作者达雷尔·达菲教授任职于斯坦福大学商学院,名气很大,在前沿金融问题上造诣很高,是不少著名学术期刊的编委;同时他也与业界有着广泛的联系,是许多金融协会或组织的成员或顾问,还担任穆迪等公司的董事或顾问。这就难怪他对金融实务问题如此熟悉,并能给出非常学术性的解释和建设性的意见。虽然这是一本小书,但却涵盖了丰富的内容,相信读者能从中体会得到。本文想借此机会首先介绍一下本书的主要内容,然后再简单谈谈关于"大而不倒"的监管改革所取得的主要进展。

本书的主要内容

大型交易商银行的提法,对中国读者来说比较陌生。本书中的大型交易商银行指的是在主要证券市场和场外衍生品交易市场里起中间商作用的金融机构,它们主要从事证券承销、回购、场外衍生品的自营和经纪业务。大型交易商银行要么是大型的投资银行,要么是大型的商业银行,它们的共同特点是作为批发融资市场的主要参与者,资金来源高度依赖批发市场,资金运用也大量用于批发市场。根据作者的分析,交易商银行与美国国债一级承销商的名单有较多的重合,花旗、汇丰、德意志、法国兴业、美国银行、瑞士信贷、巴克莱、高盛、摩根士丹利以及摩根大通等全球金融巨头都在其中。很有意思的是这个名单与 2011 年 11 月金融稳定理事会认定的全球系统重要性银行的名单有着高度重合,看来作者的判断是非常正确的。

本书中最为核心的是介绍了一家交易商银行是如何倒闭的。当一家交易商银行财务状况出现困难特别是面临流动性困境时,通常首先是其场外衍生品交易对手进行协议更新。衍生品交易对手就会减少对这家交易商银行的衍生品合约和风险敞口,寻求新的交易商银行,更新原有衍生品合约,收回在原交易商银行处的保证金,这会恶化该交易商银行本已面临的流动性问题。其次是短期债权人的弃逃。回购市场是交易商银行的主要流动性来源之一。当某家银行财务状况恶化时,交易对手就会提高该交易商银行用于与之进行回购交易的债券的折扣率或者拒绝接受某些债券。其三,大宗经纪客户或称为主要经纪客户的离去。像对冲基金这样的大宗经纪客户是交易商银行的衣食父母,交易商银行不仅收取佣金,而且还利用客户存放的资产来融资。当发生不利情况时,这些客户为了保全自己的资产而像普通存款者那样收回自己的投资。为了满足这些客户的需求,银行只好变卖自己的资产,从而恶化银行的流动性。最后,结算特权的丧失。在正常情况下,清算银行往往给予交易商银行一种结算特权,即如果清算银行执行某项清算业务将使得交易商银行的现金头寸为负数,只要当天营业终了之前,交易商银行能够获得相应金额的现金流入,那么在正常情况下清算银行一般会提供日间透支给该交易商银行。而如果交易商银行面临财务困境,这时,清算银行为寻求自保,会停止对交易商银行的清算业务,这时,交易商银行连最后的救命稻草也就没有了。

这时央行可以发挥再贷款职能,事实上确实发挥了这种职能。在危机时,包括美联储在内的各国央行纷纷出台面向金融机构的短期融资便利措施。然而,交易商银行并不总是能得到央行的帮助,因为有些机构本身并不在央行的传统服务范围内;而有些交易商银行却并不积极寻求央行的支持,因为那样会给市场传递不太好的信号,会加重危机。

在本书中,达菲提出了一些有价值的建议,包括为进行资本重组的应急可转债和强制性认股权的发行、更高的流动性监管标准、场外衍生品交易中央清算、三方回购清算的公用平台以及破产处置机制的改进。在随后的分析中,可以看到这些建议大都被后来的监管改革所采用或考虑。

关注系统重要性银行

由于交易商银行往往是具有系统重要性的银行，它们的倒闭对于整个金融体系以及实体经济都有非常负面的影响。因此，一旦这些银行行将倒闭，政府往往不会袖手旁观，最后只好用纳税人的钱来实施救助。这就形成了巨大的道德风险，也使得金融界成为众矢之的而饱受批评。西方国家 2011 年开始流行的"占领"运动（"占领华尔街"、"占领伦敦证交所"）就是这种不满的形象表达。

因此，如何解决"大而不倒"的金融机构的道德风险，从危机一开始就引人关注。这个问题也被列入 20 国集团金融峰会所关注的金融监管问题中。金融稳定理事会和巴塞尔委员会付出了巨大的努力，除了《巴塞尔协议Ⅲ》中对具有系统重要性的金融机构的资本要求提出了更高标准之外，针对这一问题还提出了一套专门的解决办法。金融稳定理事会在 2009 年正式成立以后，先后发布了《评估金融机构、市场和工具的系统重要性的指导原则》和《强化系统重要性机构监管的有效性》。2010 年 11 月，20 国集团峰会批准了金融稳定理事会提出的《减少系统重要性金融机构的道德风险：金融稳定理事会的建议和时间安排》。2011 年 11 月，20 国集团峰会正式公布了金融稳定理事会制定的《处理系统重要性金融机构的政策方法》，同时，巴塞尔委员会正式发布了《全球系统重要性银行：评估方法和额外损失吸收要求》,而金融稳定理事会公布了 29 家全球系统重要性银行的名单,中国银行也被选入,以后每三年评估一次,重新确定名单。全球系统重要性银行的选定是基于银行的负外部性的大小,具体标准是根据规模、关联性、可替代性、全球业务和复杂性五个维度的指标来确定的,每类指标被赋予 20% 的权重。由金融稳定理事会和巴塞尔委员会的全球系统重要性银行组(G-SIB)提出的系统重要性金融机构监管框架主要由三部分组成,即更强的吸收损失能力、更严格的监管以及更有力的处置措施。2012 年 6 月 25 日,巴塞尔委员会又发布了《国内系统重要性银行的处理框架》的征求意见稿。正式框架预计 2012 年底就会正式发布。其原理和内容与全球系统重要性银行大体相同,主要区别在于增加了各国或地区监管部门的自主权和在衡量维度上少了"全球业务"。

解决系统重要性银行"大而不倒"的问题,我们可以主要从两个角度来考虑:一是降低倒闭的可能性;二是降低倒闭的影响程度。

降低倒闭的可能性

要想降低银行倒闭的可能性,就需要增强银行自身的实力和稳健性。从当前的监管改革方向来看,主要考虑两个方面。

一是提高银行的损失吸收能力。提高损失吸收能力是增强银行稳健性和安全性的主要办法。提高资本要求则是提高损失吸收能力最有效和最简单的办法。根据《巴塞尔协议Ⅲ》和《全球系统重要性银行：评估方法和额外损失吸收要求》，对于全球系统重要性银行，资本充足率标准要增加 1—2.5 个百分点，这些额外资本要求需要成本较高的普通股来满足。

但学术界、银行界以及监管部门中有不少人主张考虑应急资本的办法。为了降低其倒闭的可能性，还可以通过紧急资本和发行自救债券的方式来实现自我救助。长期以来，面对大而不倒的银行，除了倒闭之外，就只好政府注资。但政府注资往往既会引发政治危机和民众不满，也会加重财政负担，影响经济复苏。当前欧债危机正是"银行危机——银行注资——财政负担加重——财政紧缩——经济下滑——银行危机加深——政府重新注资"恶性循环的表现。为了解决这一问题，当银行面临财务困境时，可以改"他救（bail-out）"为"自救（bail-in）"。所谓自救就是自己来想办法进行资本重组。在本书中，达菲提出了两种建议。其一是应急可转债，即当银行财务状况达到一定标准时，应急可转债就会自动转换为股票，债权人就变为股东。与普通可转债不同的是，应急可转债的债权人没有选择权，转换的时候往往是公司面临困境的时候；而普通可转债的债权人可以有选择权，而转换为股权时往往是公司前景看好之时。其二是强制认股权发行。当面临困难时，一个可行的选择是向老股东求救，对于老股东来说，实际上是救自己。然而，在这个时候来增发或配股，面临着逆向选择的难题，发行很难成功,这种提议不一定能获得董事会及股东大会的批准。因此,作者建议强制性要求银行发行认股权,也就是说只要满足相应的标准,向老股东发行认股权是一项强制性的监管要求,不管股东同不同意。在《全球系统重要性银行:评估方法和额外损失吸收要求》中,提到了两种其他的可供考虑的附加资本办法,即低点(low-trigger)触发的应急资本和高点触发(high-trigger)的应急资本,但不认为当前这两种应急资本是合适的,因此他们强调普通股的重要性,认为"普通股是最简单和最有效的满足额外资本要求的工具"。低点触发的应急资本是指银行不能在私人资本市场筹资时启动的自救债券和资本工具(bail-in debt and capital instruments),即银行就要倒闭时启动的资本市场工具。对此,巴塞尔委员会认为对于系统重要性而言,这类工具是不合适的。高点触发的应急资本又称持续经营状态启动的应急资本(going-concern contingent capital)或早期触发(highly trigger)的应急资本,是指银行仍然处于经营状态,但出现了财务状况的恶化并达到了相应的标准时而启动的资本工具。对于这个办法,仍有不同的意见。巴塞尔委员会列举了赞成和反对的意见之后,坚持用普通股来满足额外资本要求。但是巴塞尔委员会央行行长和监管机构负责人集团会继续评估这类工具,并支持用于满足比国际标准更高的国内资本要求。

二是流动性监管要求。银行的倒闭往往来源于流动性不够,这对于大型交易商银行更是如此。有鉴于此,《巴塞尔协议Ⅲ》特别规定了两个非常重要的流动性指标,即流动性覆盖比率(LCR)和净稳定融资比率(NSFR)两项核心指标。流动性覆盖比率是指高流动性资产储备与未来30天的资金净流出量之比。达菲在本书中提到了这个指标。他认为100%的流动性覆盖比率标准不能反映交易商银行的状况,因为交易商银行的负债严重地依赖货币市场和货币市场基金、对冲基金及其他金融同业,一旦市场出现风吹草动,交易商银行就会面临巨大的流动性压力。流动性覆盖比率为1的监管标准显然是不够的,必须有更高的流动性标准。他将更高的流动性标准作为重要的监管改革措施。而他没有提及的净稳定融资比率也许能够弥补前述指标的不足。净稳定融资比率是银行可用的稳定资金来源与银行业务所需的稳定资金之间的比率,这个指标也需要大于1。虽然没有特别针对系统重要性银行的流动性标准,但显然这些标准的实施对于大型交易商银行的影响是巨大的。

降低倒闭的影响程度

尽管通过加强监管和提高资本要求,会降低银行倒闭的可能性,但银行的倒闭仍然是不可避免的。因此,我们需要做的就是如何降低大型银行倒闭影响的程度和范围。从目前的监管改革来看,主要体现在如下三个方面。

一是进行业务分离。由于交易性业务本身蕴藏着较大的风险,当银行发生困难时,政府不得不面临着两难选择。一方面,如果政府出手救助,那么需要动用纳税人的资金,从而引发严重的道德风险;另一方面,如果政府任其倒闭或采用别的紧缩性措施,那么对实体经济就会产生不利影响。为了解决这一问题,将自营交易性业务分离出去的沃尔克规则被应用于美国庞大的《多德—弗兰克法案》(Dodd-Frank Wall Street Reform and Consumer Protection Act)(2011 年 6 月),这意味着那些存款受联邦存款保险公司保险的银行的自营交易性业务和其他高风险业务会受到很大的限制。当然,为了便于通过,在讨价还价之后沃尔克规则还是被打了折扣,还是允许银行进行部分对冲基金和私募基金投资。英国则实行了零售银行与投资银行"扎篱笆"的方案。2011 年 9 月,英国通过了独立银行委员会(Independent Commission on Banking)发布的最终改革报告《维克报告》(Vickers Report),要求通过围栏改革(ring-fencing),即将传统的零售银行业务与投资银行业务进行分离。这些建议的目的在于将银行最基本的业务与投机性活动分离出来,从而避免批发性、投机性业务的失利传递给零售银行业,减少对实体经济的冲击。

二是加强基础设施建设。虽然加强基础设施建设不仅仅有利于大型银行,但的确对降低大型银行的风险和风险的影响程度具有更为重要的意义。尽管会有一定程度的业务分离,场外衍生品交易仍然将会是大型银行的业务领域之一。场外衍生品市场正是风险源之一,也正是通过这个市场快速传递给其他参与者。场外衍生品引发的风险很大程度上来源于信息的不透明和双边清算机制。因此,改革的方向在两个方面。其一是改进信息披露。金融稳定理事会考虑规定建立完整的信息记录制度。即场外衍生品交易必须报告给交易记录库(trade repository),以记录场外衍生品交易的所有相关细节。其二是建立中央清算制度。在 2009 年 9 月匹兹堡峰会上,领导人就一些加强场外衍生品市场管理的措施达成了一致,包括鼓励银行更多地使用中央清算对手。正如本书所指出的那样,通过中央对手方(central counterparties,或译中央清算所、中央对手、中央清算对手)等来进行交易的机制显然要优于双边清算机制。中央对手方在交易中起着风险隔离作用,降低金融机构彼此的关联程度,从而可以有效及时地切断风险的传播,大大降低系统性风险的发生。当然,由于风险集中在中央对手方,它本身就成为系统重要性机构,对其强健性和资本实力提出了更高的要求。全球金融体系委员会于 2011 年 11 月发布了《使用场外衍生品市场中央对手方的可选构想的宏观金融意义》(The Macrofinancial Implications of Alternative Configurations for Access to Central Counterparties in OTC Derivatives Markets)的报告。报告认为,扩大中央对手方的直接使用能降低大型全球交易商的集中度风险。随着直接进入范围的扩大,中央对手方自身的风险管理程序也有必要做出相应的调整,以确保这一体系的有效性。不管是大型全球性的中央对手方还是区域性甚至国内中央对手方将在满足 20 国集团的承诺中扮演重要角色。不管哪种情况,采用国际标准是非常有必要的,因为这样才能有效地避免监管套利,促进跨境基础设施和参与者的监督。中央对手方和监管当局应当加强非直接清算的安全性。这方面,本书的分析有助于更好地理解场外衍生品市场上中央对手清算机制的引入。

三是制定有效的处置计划。一旦金融机构面临破产倒闭,及时和有效的处置程序会大大降低其负面影响,减少对金融体系和实体经济的破坏性。美国的《多德—弗兰克法案》规定了有效的处置机制。2011 年 11 月,金融稳定理事会发布了《有效处置计划的关键特征》(*Key Attributes of Effective Resolution Regimes*)的报告。这一报告列举了有效处置计划的处置主体、处置权力等 12 个方面的内容。国际清算银行总经理杰米·卡鲁亚纳(Jaime Caruana)认为,一个良好的处置制度需具备如下关键因素:(1)被授权当局启动关闭问题金融机构的权限应当清晰明了;(2)应当成立国内、国际机构间信息共享和行动协调机制;(3)不论是对临时的危机处理还是对金融机构的长期关闭处理,都应有相应的预案;(4)应有足够可用的融资来源,支持法律上破产但仍可经营的机构,以及支持那些尚能继续经营的业务向其他金融机构转移;(5)应有保护存款者及其他客户资产的机制。此外,低点触发的应急资本等自救机制虽然不适合满足额外资本要求,但却可以被应用到处置机制上。关于这方面的内容,本书也提出了相应的建议。

当然,尽管主要的改革措施正陆续出台,但系统重要性银行的监管改革难度很大,将是一个很长的过程。我想,阅读本书可以增强对这一问题复杂性和相应改革方案的理解。

写在后面:关于本书的翻译

在好友施华强博士的推荐下,我应允承担此书的翻译。但是当我真正着手翻译时,发现难度比我想象的要大得多。这本书讨论的是美国这样的发达国家市场中最为复杂的金融机构——交易商银行,涉及衍生品、回购市场、大宗经纪业务、清算、破产处置和资本重组等多方面内容,对我来说确实具有极大的挑战性。尽管抱着认真负责的态度,由于译者水平有限,总觉遗憾不少,疏漏错误在所难免,恳请方家指正。

在翻译过程中,我要特别感谢张昕同学。张昕做了不少非常重要的基础性工作。我也要感谢中国银行全球金融市场部的高级交易员胡刚,我们一起交流了对有关术语和机制的理解。当然,我还要感谢格致出版社社长何元龙的信任和优秀的年轻编辑王萌所做的工作。

是为序。

欧明刚

2012 年夏

献给弗朗姬

前　言

　　走出 2007—2009 年的金融危机,并不意味着我们的金融体系已经打下了更为坚实的基础,除非我们对那些规模最大、关联性最强的大型交易商银行如何从羸弱突然走向倒闭的过程有充分的理解。交易商银行是金融体系的核心中介。除了其他重要业务,它们在证券和衍生品的场外交易市场里担任中间商。尽管金融危机已经渐行渐远,交易商银行仍是金融体系中最不稳定的关键因素之一。

　　一旦某家交易商银行的清偿能力遭受质疑,那么它与其客户、股东、担保债权人、衍生品交易对手及清算银行的关系会立即改变。其中起作用的动机与商业银行的存款者挤兑极为相似,即人们对银行清偿力的担忧会导致挤兑,希望以此减少一旦银行破产可能产生的损失。起初,银行必须彰显其实力而将手上为数不多的资产和现金拿来兑付,因为如果不这样做,人们就会越发察觉其实力不济。到了后来,银行会发现想要遏制资金流出的趋势几乎不可能。于是,银行便破产了。

　　正如贝尔斯登银行和雷曼兄弟 2008 年的倒闭,交易商银行破产的关键机制在于特殊的体制与监管框架。这些框架影响短期担保债权人、对冲基金客户、衍生品交易对手从银行的撤离,以及结算清算服务的停止(这是最具毁灭的打击)。交易商银行有时被称为"庞大、复杂的金融机构"或者"大而不倒"的机构。的确,它们的庞大规模和复杂性均使其明显区别于典型的商业银行。直到今天,一家交易商银行的破产仍会对整个金融体系及其更大范围的实体经济造成巨大的风险。

旨在减少银行倒闭的现行监管措施无法充分应对交易商银行所造成的特殊风险。一些改革主张体现在 2009 年巴塞尔银行监管委员会提出的建议和美国尚未完成的《重建美国金融稳定性法案》(Restoring American Financial Stability Bill)的立法中。监管或金融市场基础设施所需的其他改革措施尚未引起足够的关注。英格兰银行副行长保罗·塔克(Paul Tucker)在 2010 年 1 月发表的演说则表明,一些监管官员已经意识到了亟待实施一些重大改革。[①]

在本书中,我对交易商银行的破产机制做出了详细的诊断,并简要列出了改进监管和市场基础设施的若干措施。这些措施将很可能降低这些风险,并在银行真的倒闭后减少它们对整个金融体系所造成的损害。

我谨向以下友人表示感激：帮助促进该项研究课题的 Andrei Shleifer 和 Jeremy Stein，提供研究帮助的 Ross Darwin、Vojislav Sesum、Felipe Varas 及 Zhipeng Zhang，提供有益对话的 Joseph Abate、Viral Acharya、Tobias Adrian、J. A. Aitken、Yacov Amihud、Martin Bailey、Hugo Bänziger、John Berry、Robert Bliss、Michael Boskin、Lucinda Brickler、Jeremy Bulow、John Campbell、John Coates、John Cochrane、Andrew Crockett、Qiang Dai、Peter DeMarzo、Doug Diamond、Bill Dudley、Espen Eckbo、David Fanger、Alessio Farhadi、Peter Fisher、Mark Flannery、Ken French、John Goggins、Jacob Goldfield、Jason Granet、Ken Griffin、Joe Grundfest、Robert E. Hall、Dick Herring、Brad Hintz、Tom Jackson、Anil Kashyap、Matt King、Paul Klemperer、Alex Klipper、Bill Kroener、Eddie Lazear、Matt Leising、Jean-Pierre Landau、Joe Langsam、Ada Li、Theo Lubke、David Mengle、Andrew Metrick、Rick Mishkin、Stewart Myers、Raghu Rajan、Eric

Rosengen、Ken Scott、Manmohan Singh、Bob Shiller、Hyun Shin、David Scharfstein、Brendon Shvetz、David Skeel、Matt Slaughter、Jeremy Stein、René Stulz、Kimberly Summe、Glen Taksler、John Taylor、Lauren Teigland-Hunt、Rick Thielke、Paul Tucker、Peter Wallison、Andrew White、Alex Wolf、Alex Yavorsky、Haoxiang Zhu 及 Tatjana Zidulina。我还要感谢 Ann Norman 和 Timothy Taylor，他们 2010 年 2 月在《经济展望》(*Journal of Economic Perspectives*)杂志中发表的《交易商银行破产机制》(*The Failure Mechanics of Dealer Banks*)一文给了我很大指导。我还必须向 Linda Truilo 专家级的编辑水准致谢。最后，我非常感激普林斯顿大学出版社的 Janie Chan、Seth Ditchik、Peter Dougherty 及 Heath Renfroe。

达雷尔·达菲

斯坦福大学

2010 年 3 月

目 录

第1章

导　论

首先,我想讲述一家活跃在债券和衍生品市场中的主要交易商银行(dealer bank)倒闭的故事。交易商银行的短期债权人、场外衍生品交易对手和对冲基金客户的离去而带来的现金枯竭,是交易商银行所无法阻止的。最近的例子便是2008年贝尔斯登和雷曼的破产,但是其中起作用的倒闭机制同样适用于财务状况严重恶化的任何大型交易商银行。另有一些像摩根士丹利那样的大型交易商银行,尽管它们在雷曼兄弟破产后立即面临极大的流动性压力却并未破产,我们可以从这些案例中进一步地学到一些经验。

我们姑且把这个假设的交易商银行叫做贝塔(Beta),并先讲述一下它破产前几个月里的故事。贝塔的资本状况因刚刚发生的亏损而受到严重侵蚀。引发亏损的不一定是一场全面的金融危机,尽管这会进一步降低贝塔恢复健康的可能。一旦资本实力减弱,贝塔为了显示其实力和保护其特许权价值,就会采取一些恶化流动性的理性赌博措施。贝塔银行会希望以此减少其客户、债权人和交易对手的流失。

贝塔银行的第一个动作，是帮助一些客户摆脱因参与贝塔银行安排的投资而受到的巨大损失。这一举动是为了维持贝塔银行重视客户利益的声誉。随着时间的流逝，一些市场参与者将更加清晰地看到贝塔银行的资金缺口，贝塔银行就会发现其场外衍生品交易对手已经开始降低给自己的授信敞口。这些交易对手越来越多地进行将现金从贝塔银行处收回的交易。贝塔银行认为，它必须继续在这些交易上给出有竞争力的价格，因为如果不这样做，它将会发出一种财务状况虚弱的信号并加速客户的离去。其他的交易商银行越来越多地被要求参与一种被称为"约务更替"（nova-tion）*的衍生品交易，这种衍生品交易能够在贝塔银行和其初始衍生品交易对手之间引入其他的交易商，从而将其初始交易对手同贝塔银行的违约风险隔离开来。当这些交易商意识到这一趋势，它们将开始拒绝有可能使其受到贝塔银行违约风险影响的约务更替。如此一来，市场上将更为快速地传播对于贝塔银行财务状况恶化的传言。

贝塔银行一直从事重大的大宗经纪（prime-brokerage）业务，为对冲基金提供例如信息技术、交易执行、财务报告以及对冲基金

---

* novation，有时被译作"债务更新"。一般有两种情形：一是以新的一方替代合约其中一方的协议；二是以新债还旧债。这里所说的就是第一种情形。——译者注

的现金与证券托管人的服务，后面这一点对于我们这个故事更为重要。这些对冲基金已经听到了这些传言，并且一直在关注着贝塔银行的股票与债务的市值以推断这家银行的前景。它们开始将其现金和证券转移到资本实力更强的主经纪商或者更安全的托管银行处。贝塔的特许权价值也因此而快速地降低，这样通过并购方式得以救助或补充资本的前景也会相应暗淡。比起资本注入是否会改善贝塔银行的财务状况，新增股本的可能购买者更关心能否实现较高的回报。短期来说，大宗经纪业务客户的离去也为贝塔银行的现金流动性带来了灾难，因为贝塔银行已经在其部分业务里运用了对冲基金存放的这些现金和证券来筹资。随着一些客户的离开，贝塔银行的现金流动性将降低到一个非常危险的水平。

尽管贝塔银行的短期担保债权人持有贝塔银行的证券，以此作为抵御其违约的担保品，在这一点上，它们没有理由来对贝塔银行的贷款进行展期。一旦贝塔银行违约，它们很可能会陷入随之而来的管理混乱。此外，即使它们持有的抵押证券的数量包括了作为抵押品市场价值意外减少的缓冲体的"折扣"（haircut）＊，同样存在着它们可能无法以足够高的价格售出担保品以弥补其贷款的风险。它们中的大多数不能续发放贷款给贝塔银行，而这些短期

＊　"haircut"也被译为垫头，是指证券的市场价值与抵押价值之间的差额。——译者注

担保贷款中的很大一部分是以回购协议的形式进行的,大多数的期限只有短短的一天。因此,在很短的时间内,贝塔银行必须找到大量的新融资或者对其证券割肉出售。

贝塔银行现在的流动性状况非常严重。它的财务部门正在挣扎着勉强维持其清算账户的余额为正。在正常的业务过程中,贝塔银行的清算银行允许贝塔银行和其他交易商银行享有当日透支的灵活性。清算银行一般持有足够的交易商银行交存的证券,以抵消可能的现金不足。然而现在贝塔银行得到的消息是,根据清算银行对贝塔银行整体头寸的授信敞口,其清算银行已经行使其权利、停止了对贝塔银行的现金透支交易。这已是最后一根救命稻草。如果无法执行相关交易,贝塔银行便只能宣布破产。

贝塔银行是一个虚构的综合案例。在下文中,我将给出这个故事中关键要素的事实根据。除了提供体制构架和概念框架以外,我还将提出有关监管和市场基础设施的一些改进建议。

经济学原理

在一家大型交易商银行的破产中起作用的经济学原理与在一家典型零售银行倒闭中的原理并没有太大的不同,但是它们的形成机理和系统破坏性却是大有区别的。

沿着戴蒙德和迪布维格(Diamond and Dybvig, 1983)的理论，在一个对银行稳定性的常规分析框架中，常把银行视为非流动性贷款的提供者。如果银行是那些关注短期流动性的存款者与寻求项目融资的借贷者之间的超级中介，那么用短期存款来发放贷款便是有意义的。银行的股东在一定程度上是从财务杠杆中获取收益的。有时存款者对流动性的需求会意外激增，借款人的偿贷能力也可能会受到冲击，此时存款者便很有可能会担忧银行的偿付能力。如果这一担忧足够严重，存款者挤兑的预测将会成为现实。

应对银行破产所带来的社会成本的标准监管工具包括以下几点：监管和资本充足性要求，这是为了减少违约风险对银行资本的侵蚀；存款保险，这是为了减少因个人存款者争相取出存款而触发支付危机的可能性；监管处置机制，这是为了让监管当局更有效率地重组银行。这些监管工具不仅可以减少银行的困境成本(distress cost)＊，保护其债权人利益，也能降低金融系统性风险。下文中，我们将会考虑一些专门针对大型交易商银行破产风险的其他政策机制。

尽管我将大型交易商银行简单地归为一个与众不同的银行类别，实际上它们各自也千差万别。它们通常从事证券买卖、回购协

＊ 困境成本是破产成本概念的延伸，一般指企业为了解决财务困境而进行资产处置、财务重组而引起的直接成本以及对企业经营能力的伤害。——译者注

议、融券交易以及场外衍生品交易的经纪活动，也进行与这些服务相关的自营（投机性）交易。它们是对冲基金的主经纪商并对机构投资者和富有的个人投资者提供资产管理业务。作为资产管理业务的一部分，一些银行管理"内部对冲基金"和私募股权基金。在私募股权基金中，银行充当一般合伙人，而另有客户充当有限合伙人。当内部对冲基金和其他表外实体，如结构化投资工具和货币市场基金，遭受严重损失时，交易商信誉和特许权价值降低的潜在风险会激励交易商银行在这些金融实体中自愿地补偿投资者。

交易商银行可能会有一些传统的商业银行业务，包括吸收存款和对企业与个人消费者发放贷款。它们也有可能经营一些投资银行业务，包括管理和承销证券发行以及对企业客户的并购活动提供咨询。投资银行有时还做一些"商人银行"的业务，如买卖石油、木材、食品、金属或其他原材料。

大型交易商银行通常在控股公司的巨伞下经营，这些控股公司有时被称作"庞大而复杂的金融机构"。它们的一些活动也因此在传统的银行倒闭处置机制之外，如托管（conservatorship）或者破产管理（receivership）。①美国的《重建美国金融稳定性法案》会将政府部门的权力延伸到重组大型倒闭的银行控股公司，以及其他传统处置机制未能涉及的对整个金融系统具有全局重要性的金融机构。

当一家交易商银行的偿付能力变得不确定时，就会刺激它的各类交易对手和客户减少它们在该银行的授信敞口,有时该过程进行得格外迅速而且会自我强化。尽管它们退出的动机和那些没有存款保险的银行存款者的动机相似,但是其中的发生机理特别是对系统性风险的影响使交易商银行的稳定性值得进一步的政策分析。一直以来,有充分的理由认为交易商银行是"太大而不能倒"(too big to fail)的。2008 年 9 月,雷曼兄弟破产所带来的巨大破坏性便是一个活生生的反例。

尽管所有的交易商银行要么本身就是被监管银行,要么其母公司——银行控股公司受到监管,它们能得到来自政府的各种传统或新型的财政支持或央行流动性支持,但人们对其中的一些金融机构给市场造成的系统性风险仍存担忧。一般来说,为了减轻对实体经济的负面影响,"大而不倒"的金融机构在陷入困境时往往会得到政府的支持,这成为一种常识。尽管政府的支持缓解了银行灾难性破产所造成的系统性风险,但上述常识给这些银行提供了额外的激励去冒无效率风险,这产生了常说的道德风险。贷款者向具有系统重要性的金融机构给出的融资条件体现了政府救助的可能性,从而进一步地鼓励这些金融机构提高杠杆率。

这些破产机制中的关键之处是那些与短期回购融资、场外衍生品交易、表外业务、大宗经纪业务和在清算银行的现金损失(loss-of-cash)结算透支特权相关的机制。一旦挤兑开始,交易对手在交易商银行行将破产时采取的行动只是加速挤兑的边界条件(boundary condition)。

当交易对手等开始解除它们和一个正在陷入困境的交易商银行之间的关系时，不仅这家银行的现金流动性状况会受到威胁，它的特许权价值也在减少，甚至有时这一变化是非常剧烈的。如果资产负债表或特许权价值带有很大的不确定性，一些最初希望通过分担受困银行损失而获利的新增股权融资或债券融资的潜在提供者，会出于逆向选择的考虑而退缩不前。它们可能正购买一些其前景对卖方（银行）而言比对投资者而言更为透明的或有索偿权。例如，在 2008 年的金融危机中，当美联银行（Wachovia）为避免破产正在为它的业务需找潜在买家的时候，一名美联银行的高层描述富国银行（Wells Fargo）的不情愿时说[②]："它们根本不懂我们的商业贷款账簿。"

另一种市场不完全性的体现被称为"债务积压"（debt overhang），它进一步地抑制了一个受困银行筹集新的权益资本以降低其脱困成本的动机。尽管增加权益资本可以提升一家受困银行的全部企业价值，从而使股东获益，但这些收益主要会使债权人的利益得以全部保全，而这并不是现有股东的目标。债务积压的情形将在第 4 章中做进一步讨论。

在一个普通的受困企业里，债务积压和逆向选择会在破产重组中得到处理，这通常包括了取消股东的收益分配权以及将未担保债权转为股权。然而，试图重组一家大型交易商银行的债务有可能会触发各种客户、债权人以及衍生品交易对手仓促退出的行为。这便可能导致大规模的甩卖，扰乱资产市场和场外衍生品交易市场,并引发极具破坏性的潜在宏观经济后果。一种有助于保护受困非金融公司企业价值的自动冻结(automatic stay)*制度,也可能会限制大型交易商银行管理其风险和流动性的能力。正如克里明格(Krimminger,2006)以及国际互换与衍生品协会(International Swaps and Derivatives Association,2010)所解释的那样,以上任何一种情况下,在很多像美国这样的重要国家或地区,不少场外衍生品交易和回购协议(短期有担保索偿权)是免于自动冻结的。杰克逊和斯基尔(Jackson and Skeel,2010)从法律角度分析了免除自动冻结的效力。这一衍生品和回购协议"安全港(safe harbor)"的效力问题仍然颇具争议。

我将特别关注那些传统资本充足性要求、监管和存款保险以外的改革。这些用来处理大型银行破产程序的新型机制有:场外衍生品交易的中央清算对手,精巧的用于三方清算回购协议的"公用平台"(utilities),根据受困程度而自动转化为股权的债权,自动触发的强制认股权发行,以及对银行的流动性监管要求。监管部门要求交易商银行不仅持有充足的资本而且还要保持充足的流动性,也就是说,银行应拥有足够的非承诺性流动资产**,以填补挤兑发生时短期融资来源消失而留下的流动性缺口。

---

* 指在当事人向法院提出破产申请之后,确保所有有关债务人财产的执行行为及其他对债务人的财产构成消极影响的行为均自动中止的一项制度。——译者注

** 未承诺性流动资产(uncommitted liquid assets)就是第 5 章所提到的未抵押高流动性资产(unencumbered highly liquid assets)。——译者注

在下一章中,我会分析一家银行控股公司的典型结构和业务条线。这家公司的附属机构充当了证券、回购协议以及衍生品的场外交易市场里的中介,并从事在倒闭机制中起了作用的其他投资活动。第3章会描述这些破产机制。第4章则将评估受困金融机构自愿进行资本重组的一些障碍,以及当一定的最低资本要求或流动性要求被触发时能自动注资的合约机制和监管机制。第5章总结的主要政策建议就包括了这些自动注资机制。第5章的其他建议包括最小流动性覆盖率,它考虑了短期担保债权人、衍生品交易对手和大宗经纪客户的资金撤回对交易商银行的可能影响。我还会推荐一种具有公用平台性质的回购协议清算银行。另外一个重要的建议则是场外衍生品交易的中央清算,这一点我将在附录中进行更详细的描述。

第 2 章
什么是交易商银行？

　　交易商银行是在主要证券市场和场外衍生品交易市场里起中间商作用的金融机构。这些活动通常与其他批发金融市场业务息息相关，例如大宗经纪业务和证券承销。由于它们的规模很大并在金融市场中处于核心地位，一家交易商银行的破产会给其交易对手和客户带来巨大压力，也会使其持有的资产或衍生品的价格产生巨大压力。一家大型交易商银行的倒闭亦会减弱金融体系吸收更多损失的能力，以及为主要的市场参与者提供信用和流动性的能力。因此，一家大型交易商银行的潜在破产可能是一种系统性风险。

　　表 2.1 列出了世界上主要的交易商银行。它们受邀参加了于 2010 年 1 月 14 日在纽约联邦储备银行举行的有关场外交易衍生品的会议。这份名单与美国政府债券的一级交易商的名单有着高度的重合。[①]这些公司都具有大型全球金融集团的特点，即除了其

证券和衍生品业务以外，它们也可能经营传统商业银行业务，或在投资银行、资产管理和大宗经纪业务中参与甚深、影响很大。

表 2.1　参加 2010 年 1 月 14 日纽约联邦储备银行场外交易衍生品会议的主要交易商

法国巴黎银行（BNP Paribas）
美国银行（Bank of America）
巴克莱资本（Barclays Capital）
花旗集团（Citigroup）
德国商业银行（Commerzbank AG）
瑞士信贷（Credit Suisse）
德意志银行（Deutsche Bank AG）
高盛公司（Goldman Sachs & Co.）
汇丰集团（HSBC Group）
摩根大通（J. P. Morgan Chase）
摩根士丹利（Morgan Stanley）
苏格兰皇家银行集团（Royal Bank of Scotland Group）
法国兴业银行（Société Générale）
瑞士联合银行（UBS AG）
美国富国银行（Wells Fargo）

资料来源：纽约联邦储备银行。

在持股公司这把巨伞下各种金融业务同时交易的格局使潜在成本与收益的计算变得非常困难。相关的研究，如布特、米尔本和撒克（Boot, Milbourn, and Thakor, 1999）进行的研究，并未发现有力的证据来支持这种多元化金融集团表现出正的净收益。②范围经济＊或许在信息技术、市场营销、金融创新和利用少量资本缓冲

＊　范围经济（economies of scope），指由一家企业同时生产多种产品的成本要比这些产品分别由不同企业专门生产要低。——译者注

不同风险等方面得以体现。然而,金融危机中出现的一些风险管理失败的案例可能反映了风险控制与公司治理中的范围不经济。看来,一些企业高管和董事会简单地认为,充分理解并控制公司内部正在发生的风险是特别困难的。③

正如前联邦储备主席保罗·沃尔克(Paul Volcker)④ 提出的,限制大型银行从事高风险业务的建议是以如下的愿望为基础的,即通过排除传统的贷款业务和其他客户服务以外的投机性业务以降低损失发生的可能性——这些损失会引发银行倒闭风险。"沃尔克规则"(Volcker Rule)也会简化对大型银行的审慎监管,因为这个规则会降低它们的复杂程度。在考虑这些好处时也需要衡量它产生的负面效应。当大量的风险业务从受到有效监管的银行部门转移到资本监管和审慎监管并不那么有效的非银行金融部门时,会给整个金融体系带来风险。同样,构建一种能有效地把银行的投机活动和它为客户服务而承担风险的活动区分开来的监管制度是非常困难的。例如,银行为一家公司客户发放了贷款,为了让客户得到最好的服务,银行还为这笔贷款量身订制了减少客户汇率风险或利率风险的方案。在这种情形下,银行通常会把这些汇率风险或利率风险转移到一个独立的衍生品交易中,而这种交易很难被认定为其客户服务的一部分。

在本章接下来的讨论中,我将列举那些在大型交易商银行破产机制中发挥着重要作用的关键活动。

证券买卖、承销与交易

从事证券业务的银行在一级市场上充当发行人和投资者的中介，并且在二级市场上充当投资者之间的中介。其主导的理念是低买高卖。它们通过提供流动性来获得部分利润。在一级市场上，银行有时也充当承销商，它们有效地从发行人处购买股票或债券并在一定时期后卖给投资者。在二级市场上，一家交易商则时刻准备着报出面向卖方的买入价和面向买方的卖出价。

交易商在场外市场起着最主要的中间商作用，其范围包括公司债券、市政债券、许多主权政府债券以及证券化的信用产品。场外交易是通过私下协商进行的。交易商之间的一些衍生品及证券（如政府证券）交易，部分是通过同业经纪商进行的。尽管公开股权易于在交易所交易，交易商同样活跃于股票二级市场中：它们充当"暗盘"（dark pools）*（场外暗盘交易系统，off-exchange order-crossing systems）经纪人或操作者、证券托管人、证券出借方或大宗股票交易的直接中间人。

由附属机构来充当交易商角色的银行同样参与投机性活动，

---

* 也有人译为暗池交易，是指公开发行上市的股票通过场外市场买卖双方匿名配对进行大宗交易参与买卖。这种交易一般由机构投资者之间进行，运作并不透明，不会展示买卖盘价及报价人士的身份，也不会向公众披露已执行交易的详情。——译者注

这些交易通常被称为自营交易。这种投机性活动部分地需要依靠对资金流出流入某种特定证券的判断能力。尽管合法的"中国墙"（Chinese Wall）能将自营交易与代客交易所产生的信息隔离开来，但是基于共同的证券和现金池、共享的外部融资来源以及共享的人力资源与基础设施（如信息技术和交易结算等"后台"系统），代客与自营交易之间仍存在一种协同效应。

　　证券交易商同样充当着回购协议市场的中介。暂时不考虑一些在破产中出现的法律问题，回购协议是以证券为抵押的短期现金贷款。正如图 2.1 所示，交易一方从另一方借入现金，并将政府债券、公司债券、机构证券或如担保债务凭证（collateralized debt obligations，CDO）那样的其他债券，作为归还贷款的保证。回购协议经常被用作杠杆融资。例如，一家专门从事固定收益证券投资的对冲基金能够通过将买来的证券与经销商签订回购协议，将获得的现金用于购买另外的证券，从而就用小额本钱购买了大量证券。

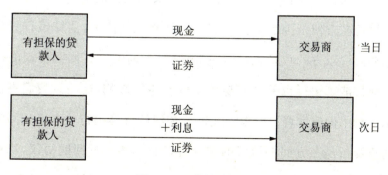

图 2.1　回购协议流程

大多数的回购协议都是短期的，通常是隔夜的。为了随时保持安全的状态，人们会与原来的交易商进行续约，或与其他交易商签订新的回购协议来替代旧协议。回购协议的履约风险通常能被反映了证券风险或流动性的"折扣"所弥补。例如，如果折扣率是10%，那么提交市值1亿美元证券的买方就只能获得9 000万美元的贷款资金。

为了清偿它们自己的回购协议和现券交易，交易商通常在其他主要银行开立清算账户。摩根大通银行和纽约梅隆银行（Bank of New York Mellon）承接了大多数的清算交易。清算服务的可使用性对于交易商的日常操作而言非常关键。如果一个交易商的清算银行拒绝提供这些服务（例如出于信用状况的担忧），交易商将无法履行其当日义务。它几乎会马上破产。

从性质上说，回购协议常常是"三方"（tri-party）的。根据盖特纳（Geithner，2008）的说法，在2007年，所有一级交易商每天经手的三方回购协议总价值超过2.5万亿美元。如2.2图所示，第三方通常是保管抵押品并且负责偿还给债权人现金的清算银行。这种安排旨在方便抵押品的交易和安全保管。理论上，清算银行只是回购协议双方的代理人。但在实际中，当前的三方回购协议的操作使得清算银行也受到交易商银行的违约影响，这一点我们将在第3章中做出解释。摩根大通银行和纽约梅隆银行这两家相同的清算银行是三方回购协议的主导者。有一些三方回购协议，特别是在欧洲，是通过专门的回购清算服务机构，如明迅银行（Clearstream)和欧洲结算系统(Euroclear)来安排的。在美国，根据存托与清算公司(Depository Trust and Clearing Corporation，DTCC)提供的数据，其子公司固定收入证券结算公司(Fixed Income Clearing Corporation，FICC)在 2008 年每天要处理大约 1 万亿美元的美国国库券回购协议。

图 2.2　一笔由货币市场基金借钱给交易商的三方回购协议交易

交易商并不只是简单地撮合买卖双方的经纪人。由于最终的买家和卖家并不会同时找到这家交易商，且它们的交易并不能彼此精确地抵消，交易商只好在自己的账户上既做买方又做卖方。因而，证券交易是有风险的。长期的成功不仅依靠技巧，还要有可动用的能吸收重大损失的资本池。交易还要求具有足够的流动性，以应对现金流的大幅波动。

场外衍生品交易

衍生品是将金融风险从一方投资者转移到另一方的合约。例如，一项看涨期权给予投资者(买方)在未来以预先商定的价格买入某种资产的权利。衍生品在交易所或者场外进行交易。对于大多数的场外交易衍生品，交易的一方是交易商。一个交易商往往通过与其他交易对手（通常是其他的交易商）签订新的衍生品合约，从而转移衍生品头寸的大部分净风险。这有时被称为交易商"匹配组合"（matched book）操作。

正如证券业务一样，交易商银行还在场外衍生品交易市场进行自营交易。同样地，在通常情况下，基本的思想是低买高卖。

场外衍生品交易合约的名义规模常常由衍生品用于转移风险的基础资产的市值来衡量。在涉及债券衍生品时，由债券的票面价值来衡量。例如，一张以每股 50 美元购买 100 万股的股票看涨期权，合约价值就是 5 000 万美元。如果一项信用违约互换对指定借款人 1 亿美元的债务本金提供违约保护，那么该协议的名义规模就是 1 亿美元。

根据国际清算银行的数据，当前尚未到期的场外衍生品交易的名义规模大概在 600 万亿美元。（在交易所市场进行的衍生品交易的名义总规模大概是 400 万亿美元。）大多数场外交易的金融衍生品是利率互换，即在规定的期限内一定名义本金下两种利率定期互换的承诺，如以伦敦银行间同业拆借利率（London Interbank Offering Rate，LIBOR）与固定利率的互换。例如，一个公司可能发现债务投资者更想接受浮动利率而不是固定利率，而发行公司更想要固定的利率支出——原因可能是如果股票市场上的投资者对引发收益波动的原因没有把握的话，它们就可能会抛售股票——公司便会发行浮动利率的债券并且签署利率互换协议，由此，这家公司以固定利率付息，并收到以浮动利率支付的利息收入。

场外衍生品市场上交易额最大的交易商是摩根大通公司。根据货币监理署（Office of the Comptroller of the Currency，2009）的数据，摩根大通最近的总名义头寸达到了79万亿美元。名义衍生品持有量上紧跟其后的是美国银行、高盛、摩根士丹利和花旗集团，分别为75万亿美元、50万亿美元、42万亿美元和35万亿美元。

与股票那样的资产供应保持着正的净供应相反，任何类型衍生品的总供应净额为0。所有衍生品合约只是一种纯会计性质，因此，它们的总市场净值为0。例如，在我们举出的简单看涨期权的例子中，期权对买方而言可能有相当大的价值，如1 000万美元，而卖方拥有的市场价值则为同样的1 000万美元的负值。随着或有债务变成真实债务，衍生品将财富从一个交易方转移到另一方，但是并不直接增加或减少总的财富存量。然而，衍生品交易通过将风险从最不愿承担的一方转移到最愿意承担的一方而间接地创造了巨大的利益。衍生品交易也会引起巨大的困境成本。例如，在衍生品合约上发生巨大损失的交易对手，可能会被迫引发摩擦性破产成本，并且它们的违约可能导致其交易对手面临巨大的困境成本。

衡量场外交易市场上交易对手风险的有用指标，是交易对手未能履行其合约规定义务的违约头寸。在我们简单的期权例子中,目前买方对卖方的风险敞口是市场价值 1 000 万美元的期权,除非卖方为其债务提供了抵押品。如果卖方提供价值 800 万美元的抵押品,则风险敞口就减少至 200 万美元。

通常,各种各样的场外衍生品交易是在"互换交易主协议(master swap agreement)"下,在合法结合的交易双方之间进行的。* 互换交易主协议是由交易商签订的,且一般遵循由国际互换与衍生品协会(International Swaps and Derivatives Association, ISDA)规定的标准。这些互换交易主协议的信用支持附件,规定了抵押品的要求和一旦交易一方不能履约时双方的义务。在许多情况下,对于一个交易商来说,交易对手会被要求支付交易商抵押物的"独立金额(independent amount)",这笔金额在头寸期限内保留在交易商处。⑤此外,随着双方衍生品合约的市场价值波动,要求对抵押品的价值进行重新估算,通常是每天重估,一般以它们的互换交易主协议的信用支持附件的条款为依据。

互换交易主协议的一个重要特点是对双方之间不同衍生品头寸所要求的抵押品和风险敞口按净额结算。举例而言,假如在先前我们例子中,价值 1 000 美元看涨期权的拥有者同时还与同一个

---

* 由于场外交易的复杂性,涉及许多法律问题,为了减少因法律不清晰可能导致的争议,提高交易的效率,交易方大多采用像国际互换与衍生品协会(ISDA)这样的国际组织的标准文件即主协议(Master Agreement)。主协议一般包括陈述与保证、义务、违约事项、终止及提前终止、提前终止的支付计算、适用法律和司法管辖权选择等条款,此外还有一些选择性条款。——译者注

交易对手有原油远期合约的交易，这些原油合约对于交易商而言的市场价值是－400 万美元。在这种情况下，不考虑抵押品，交易商对其交易对手的净敞口为 1 000－400＝600 万美元。净额结算降低了违约风险和抵押品要求。根据国际互换与衍生品交易协会 2009 年的调查，随着始于 2007 年的金融危机的恶化，交易商从其场外交易的衍生品的交易对手处可接受的抵押品范围变小了，在 2008 年超过 80％的抵押品是现金。2008 年，要求的抵押品总量也将近翻了一倍，从 2007 年的 2 万亿美元左右上升到 2008 年的约 4 万亿美元。

表 2.2 显示了主要交易商银行在各种类型的场外衍生品交易中总的风险敞口，这是国际清算银行（Bank for International Settlements，2009a）对交易商进行的一项调查的结果，其数值未考虑净额结算和抵押物价值。此表也表明通过净额结算可大大降低风险敞口。尽管人们更加担心信用违约互换交易对手的违约风险，但这种互换实际上是对某一借款人违约的保险，且这种风险与利率互换风险相比是很小的。虽然利率互换的市场价值的波动性比信用违约互换要小，但利率互换的名义规模是信用违约互换规模的 15 倍多，抵消了波动性差异的影响，从而利率互换的总体风险要大于总的信用违约互换的风险。尽管在突发的金融危机中，信用违约互换的市场价值可能会出现更大的波动，由于交易商银行在信用违约互换中的多头和空头相对平衡，这可部分地隔离交易对手风险。

表 2.2　2009 年 6 月场外衍生品交易市场交易商的风险敞口

资产类别	授信敞口（10 亿美元）
信用违约互换	2 987
利率	15 478
与股票相关的	879
外汇	2 470
大宗商品	689
未归类的	2 868
总计	25 372
总净额	3 744

注：净敞口不包括非美国的信用违约互换。
资料来源：国际清算银行，2009 年 11 月。

　　在大多数的场外衍生品交易中，至少有一方是交易商银行。一家对冲基金直接和一家保险公司进行交易的情形并不常见。相反，对冲基金和保险公司常常会和交易商银行进行交易，交易商银行自己亦频繁地与其他交易商银行进行交易。进而，在抵消一项先前的场外衍生品头寸时，市场参与者通常避免谈判取消最初衍生品合约，相反常常会与原来的交易商或别的交易商新签一份能冲销原有合约大部分头寸的衍生交易合约。这样，一家交易商常常和其他的交易商累积起大量的场外交易衍生品头寸。

　　在信用违约互换（credit default swap，CDS）中，一家交易商特别有可能成为其他交易商的交易对手。当一家对冲基金决定减少信用违约互换的头寸时，它执行这项抵消的典型步骤便是将它初始的 CDS 头寸以"约务更替"（novation）的方式转移给另一个交易商，而这家新的交易商银行便会通过进入新的背靠背 CDS 头寸，从而成为对冲基金和初始交易商之间的中间人,参见图 2.3。

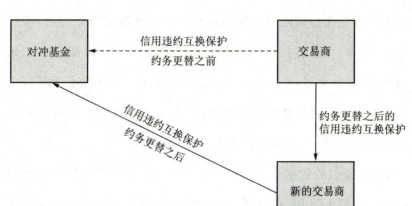

图 2.3　信用违约互换的约务更替

　　这样一来,交易商对交易商的 CDS 头寸在几年间迅速增长,并最终导致金融危机。根据存托与结算公司(DTCC)2010 年 1 月提供的数据,记录在 DTCC 衍生品服务交易信息库中的信用违约互换名义规模大约是 25.5 万亿美元,其中 20 万亿美元以上都是经销商之间的头寸。⑥2008 年,信用违约互换市场的总名义规模超过 60 万亿美元;从那时起,未到期的信用违约互换的总量由于"压缩交易"而急剧减少,过多的或接近于过多的交易商头寸也被有效地取消了。⑦通过清算,交易对手的敞口亦被大大缩减。

大宗经纪业务和资产管理

　　一些大型交易商银行还非常积极地承揽对冲基金和其他大投

资者活跃的大宗经纪业务,成为它们的主经纪商。有时,它们通过旗下的经纪交易商附属公司为这些客户提供各类服务,包括证券托管、清算、现金管理、融券融资服务和报表服务(可能包含了风险度量、税务会计以及其他种种会计服务)。交易商还可能与大宗经纪客户签订衍生品交易合约成为其交易对手。交易商常常把大宗经纪客户存放的证券借出以赚取额外收益。利柏公司(Lipper)提供的数据表明,在 2007 年年底,绝大部分的大宗经纪服务被摩根士丹利、高盛和贝尔斯登三家垄断;其中,贝尔斯登公司于 2008 年 3 月被摩根大通收购,其大宗经纪业务也被一并接手。⑧

为满足机构客户及富裕个人客户的需求,交易商银行通常都设立了规模庞大的资产管理部门,所提供的服务包括证券托管、现金管理、证券经纪以及对其他资产管理实体的投资,比如由同一家银行管理的对冲基金和合伙制的私募股权基金。这样一种"内部对冲基金"不仅能够给出与外部独立对冲基金相似的合同条款,还能在总资产管理服务的范围内充当有限合伙人。根据威廉姆森(Williamson,2010)的数据,在 2009 年年底,世界上最大的对冲基金管理公司是摩根大通,管理着 535 亿美元的对冲基金。

除了大型银行的"一站式消费"所带来的便利之外,银行内部对冲基金的有限合伙人或私募股权基金合伙人还有可能认为一家大型银行比一个独立的对冲基金要更加稳定,并且银行也许会在内部对冲基金需要时提供资金援助。例如，2007 年 6 月底，贝尔斯登筹集了 32 亿美元，力求拯救旗下的一只基金——高等级结构化信用基金（High-Grade Structured Credit Fund）。[⑨] 2007 年 8 月，当旗下几只对冲基金发生损失，面临市场极大压力时，高盛即向其中一只基金——环球股票机会基金（Global Equity Opportunities Fund）注入了一笔巨款。[⑩] 2008 年 2 月，花旗集团亦为其旗下的猎鹰基金（Falcon）出资了 5 亿美元。[⑪]

表外融资

除了以传统的发行债券、商业票据和回购协议等方式为购买资产提供融资外，一些大型的交易商银行还开展了很多表外融资业务。例如，银行可以发起或购买住房按揭或其他贷款，转卖给一家作为贷款买方而专门设立的特殊目的金融公司或信托公司。这样一家特殊目的实体（special purpose entity，SPE）会通过向第三方投资者发行债券来获得资金用于归还发起行。情况允许的话，特殊目的实体会利用它从发起行那里购入的资产所产生的现金流来支付其债务的本金和利息。

由于从合约性质上看，特殊目的实体的债务责任与其发起行无多大关系。出于会计核算和最低资本监管要求的需要，在一些特定情况下，银行并不一定要将其特殊目的实体的资产和负债视为自己的。这样一来,特殊目的实体所从事的也就相当于表外业务。因此,表外融资使得一些大银行能够在资本一定的情况下,进行数额比表内业务大得多的购买贷款和发起业务。例如在2008年6月,花旗集团的报告显示其所谓"合格的特殊目的实体"里持有8 000多亿美元的表外资产。

金融危机爆发之前,有一种特殊目的表外实体——结构化投资工具(structured investment vehicle, SIV)格外流行。这种结构化投资工具通过向投资者发行像货币市场基金这样的短期债务工具来为住房按揭贷款或其他贷款提供融资。在2007—2008年,随着美国房价的急剧下跌和次级住房贷款违约率的上升,许多结构化投资工具的偿付能力面临威胁。有些结构化投资工具无力偿还其债务,特别是当一些货币市场基金的短期债权人担心结构化投资工具违约而不再对其贷款进行展期时,问题就更加严重。有些大型交易商银行为其建立的结构化投资工具的投资者提供了救助。比如2007年下半年,汇丰银行主动花了350亿美元左右,将其结构化投资工具并入资产负债表内。⑫紧接着,花旗集团于2007年年底用490亿美元,把结构化投资工具的资产与负债整合到了自身的资产负债表上。⑬

对困境中的内部对冲基金提供救助,可能是因为这些银行的股东和经理们认为拒绝对其有效客户提供追索权将对其声誉和市场份额造成损失,从而影响其市场价值,这种损失要比提供追索权的实际成本会更高。这就是詹森和梅克林(Jensen and Meckling,

1976）提出的"资产替代"（asset substitution）*概念，即银行资产负债表上风险的显著增加，将造成公司价值从银行的无担保债权人到银行股东的有效转移。如果一些银行早就能够预见到它们后来在金融危机中遭受的损失，或许会更愿意让客户自己去想办法了。

---

* 在非对称信息条件下，股东会增加高风险投资，从而损害债权人的利益。他们认为，当公司的投资项目产生大量的收益时，股东得到超过负债账面价值的大部分收益，然而当公司的投资项目失败时，股东只承担有限责任，而债权人则承担了项目失败的后果。因此股东能从投资高风险的项目中获得收益。股东因为差的投资项目导致的权益损失可以被好的投资项目带来的权益增加所弥补，而这是以债权人的利益损失为代价的。——译者注

第 3 章
银行倒闭机制

　　当一家交易商银行的偿付能力受损时,它与其衍生品交易对手、可能的债权和股权投资者、清算银行以及客户之间的关系也许会迅速发生变化。正如图 3.1 所示,一个交易商的流动性可能会突

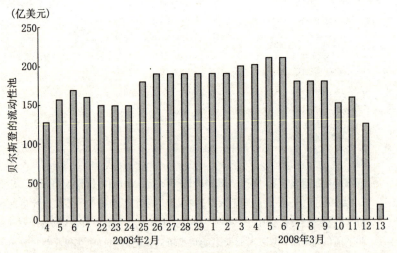

资料来源:美国证券交易委员会主席考克斯的证词。

图 3.1　贝尔斯登在 2008 年 3 月被摩根大通收购之前的几天中流动性突然消失

然间消失——2008 年 3 月，当贝尔斯登公司的偿付能力出现问题时，它的现金资源即被瞬间耗尽。如第 1 章里解释过的那样，这里面起作用的概念与存款者挤兑的概念没有多大的区别。

在这一章里，我们会讨论一家交易商银行发生挤兑时所涉及的主要步骤，包括场外衍生品交易、回购、大宗经纪与清算。

场外衍生品交易对手的反应

当银行的场外衍生品交易对手察觉这家银行可能会陷入偿付危机时，它将寻求降低其敞口的机会。

起初，交易对手可能会通过向这家交易商银行借款、降低原有信用额度或签订用以抵消部分敞口的新的衍生品合约来降低其信用敞口。交易对手还可以使赚钱的期权变为不赔不赚的期权，这样就从这些期权仓位中提出一些现金，从而减少对交易商的风险敞口。此外，如图 2.3 所示，交易对手更可以通过约务更替的方式，把对一家实力较弱的交易商的头寸转移到另一家。[①] 举例而言，如果一家对冲基金通过信用违约互换向交易商购买了针对某一特定借款人的信用保险，可以联系另一家交易商请其进行约务更替，从而使这家对冲基金与原来交易商的违约风险隔离开来。所有这些方法都可以减少这家交易商的现金头寸。

2008 年 3 月初，当贝尔斯登的偿付能力和流动性受到威胁时，它的一些交易对手就曾向其他自营商寻求过约务更替,并且这些交易商最终有效地吸收了贝尔斯登倒闭的风险。凯利(Kelly,2008)写道:"各家对冲基金如洪水般挤满了瑞士信贷集团的经纪部,请求它接手与贝尔斯登公司进行的交易。正是那天下午,一封群发的邮件告知瑞士信贷的股票和债券交易员,所有涉及贝尔斯登和任何正常业务的其他的'例外'交易都需要得到信用风险经理的批准。"伯勒斯(Burroughs,2008)进一步写道:"就在同一天,贝尔斯登的管理层注意到了一个令人忧虑的发展趋势,而它的潜在影响是他们好几个星期都无法接受的。这涉及了'约务更替'请求的雪崩。当一家公司希望摆脱与另一家公司(这里就是贝尔斯登)签订的含有信用风险的合约时,它可以将这个合约卖回给贝尔斯登或者支付一定费用卖给第三方从而请求'约务更替'。截至周二下午,华尔街三巨头高盛、瑞士信贷和德意志银行都接到了大量的有关贝尔斯登的约务更替请求。"虽然这种约务更替属于交易商银行的日常业务,但在这种情形下,其他银行还是会很自然地拒绝关于贝尔斯登的这种请求。这一现象也使贝尔斯登面临困难的警报声广为传播。科汉(Cohan,2009:27)提及了高盛在 2008 年 3 月 11 日拒绝接手贝尔斯登与海曼资本(Hayman Capital)旗下次级信用战略基金(Subprime Credit Strategies Fund)的信用违约互换合约。科汉引用了高盛的联席总裁加理·科恩(Gary Cohn)对贝尔斯登高层的表态:"如果我们接受约务更替,人们会停止与你们做生意,会收回抵押品,最终你们将关门大吉。"科汉也写到高盛第二天上午宣布接受了约务更替。

对于雷曼而言，沃卢卡斯（Valukas，2010：4：1236—1238）写道："由于雷曼的股票价格迅速下跌，市场对其业绩预告及高级管理层变动有着负面反应，花旗银行在 2010 年 1 月 12 日收到了 26 份旨在中止与雷曼交易的约务更替请求，这一数量是平常的三倍。花旗银行全球金融机构风险管理官托马斯·方塔纳（Thomas Fontana）曾在 2010 年 6 月 12 日的一封内部邮件里写道：'雷曼 CEO 富尔德（Fuld）遭到解雇，卸下了首席财务官和首席运营官的职位……我们削减了在亚洲的清算业务线。这是一个坏消息。市场认为这次的危机已经不是雷曼一家的事情了。当前，信心的缺失极为严重。我们面临着约务更替的请求，并正在传递这些请求。'"

大量的约务更替请求不仅加重了投资者的顾虑，还对原交易商施加了额外的现金压力，因为约务更替通常伴随着交易对手收回其原来交给交易商的保证金。②

在美国，1934 年颁布的《证券交易法》（Securities and Exchange Act）的第 15c3-2 条及 15c3-3 条规定一级交易商要将"完全支付证券"（fully paid securities）隔离开来，并限制一级交易商对"自由信用余额"（free credit balances）的运用。但是这些规定对于衍生品交易对手在一级交易商处存放的保证金并不适用。③这种保证金通常并不与交易商自有资金隔离，因此也是交易商一个重要的流动性来源。④虽然由交易商签署的国际互换与衍生品协会有关信用支持的附录规定，破产的交易商必须归还其交易对手所有的保证金，但是交易商很可能拒绝这样做，正如雷曼兄弟在某些情况下的行为。如果这种情况发生，那么交易对手对于其丢失的保证金，就仅剩一个毫无保障的对交易商破产财产的索偿权。赔偿既不能得到足额，过程也会非常漫长。[⑤]面对这种可能损失，实力变弱的交易商的对手就会尽快处理其衍生品交易头寸并拿回保证金。

如果它的衍生品交易对手试图通过签订新交易合约使交易商返还现金以减少对该交易商的风险敞口，那么该交易商的颓势就会进一步加深。举例来说，假设一家陷入流动性困难的交易商被要求对一笔场外期权交易报出买入价和卖出价时，如果买入价被对手接受，交易商将会被要求支付现金给交易对手。由于面临流动性问题，交易商也许会拒绝提供双向报价，或者仅提供显然没有吸引力的报价，但是这些举动会被市场视为实力削弱的信号。因此，在面临清偿力问题之初，如果交易商相信有合理的机会走出这场危机，它通常会继续提供双向市场报价来显示其实力，而不顾交易对手减少对其敞口交易而导致的现金枯竭。

场外衍生品交易互换主合同的信用附录要求，如果交易对手的信用评级低于规定的等级，那么应当缴纳额外的保证金。对于大型交易商而言，证券评级的典型门槛是穆迪所评的 A2 级或标准普尔所评的 A 级。[⑥]例如摩根士丹利曾于 2009 年 1 月 1 日，在美国证券交易委员会要求提供的 10K 报表第 82 页披露说："根据机构债券业务部门签订的一些场外交易合约和其他合约的要求，一旦本公司的信用评级下调，公司或许被要求为交易对手提供额外的保证金。截至 2008 年 11 月 30 日，一旦本公司的信用评级下调一级，根据保证金合约条款，交易对手将要求本公司提供大约 4.983 亿美元的额外保证金；而如果公司的信用评级下调两级，就要向交易对手交纳 14.562 亿美元的额外保证金。"美国国际集团金融产品部（AIG Financial Products）并不是一家交易商银行，但它的互换交易主合同中保证金随评级不同而调整的设计是美国国际集团需要美国政府斥巨资救助的最主要原因。

　　互换交易主合同还包含了在一些意外情况出现时提前终止衍生品合约的条款，这里的意外情况也包括单方违约。单方违约导致衍生品组合的终止结算，结算价格应等于未违约交易对手的重置成本。就这点而言，这一价格可以采用第三方报价、与其他交易对手的新衍生品交易的价格条件或依据模型得出的估计价格。但实际操作中的程序可能会颇为繁杂，正如雷曼的破产案例所显示的那样。[⑦]

　　衍生品头寸的重置或许成为违约交易商的一大新负债，即以高于"市场中间价"的价格计算的头寸净市场价值。"市场中间价"指卖出价和买入价的平均价，也是衍生品的正常盯市法的基准价。例如，美国货币监理署（OCC）的数据显示，美国银行的控股公司拥有名义价值约 75 万亿美元的场外衍生品组合。[⑧]假设高于"市场中间价"的交易对手头寸重置的有效终止结算负债是名义头寸的 0.1%，那么该有效新负债会达到 750 亿美元左右。此外，由于大多数场外衍生品交易涉及的是待执行合约，而待执行合约可免除破产自动冻结的责任；相比像未担保债券持有人那样索赔权未得到保证的债权人,衍生品交易对手拥有着更多的优先权。因此,一旦这家主要衍生品交易商的无担保优先债权人对交易商的偿债能力有任何怀疑时,交易商的衍生品交易记录将刺激它们退出债权人身份。而这一举动又会反过来加速交易商走向破产的过程。

如果一家脆弱或已倒闭交易商的所有场外衍生品交易对手,在短时间内都试图减少其头寸,很可能会对衍生品市场和其他金融市场与机构造成破坏性影响。[⑨]这恰恰就是 2008 年 9 月雷曼兄弟违约事件的写照,尽管其他交易商银行试图紧急协调其与雷曼的场外衍生品交易头寸重置问题。[⑩]

通过庭外重组来救助一个濒临倒闭的金融机构,亦可能引发场外衍生品组合的终止结算。例如,我们不妨想想梅西(Macey,1999)所述的瑞典救助北欧银行(Nordbank)的方式,其解决办法是将一家陷入危机的银行分拆成一家"好"银行和一家"坏"银行。根据布洛与克莱普勒(Bulow and Klemperer,2009)提出的银行倒闭处置方式,一家受困银行的优质资产将会被转移给一家新的"好"银行,银行的无担保债权人将成为这家新的"好"银行的股东。即使银行的债权人同意这样的破产或破产管理之外的重组,并希望因此避免主互换交易合同的违约平仓,通常主互换交易合同还有强制平仓的规定,条件是如果交易对手将其大部分资产转移给另一个实体因而大大削弱了本身的实力。[⑪]

对于被"清算"了的场外衍生品,即以约务更替的方式转移到介于原交易双方之间的中央对手方的衍生品[⑫],交易商的交易对手就隔离了交易商的违约风险,当然前提是中央对手方能够履约。尽管交易商自身对于任何已清算的衍生品都承担着义务,已清算的衍生品却不应成为交易对手急于减少头寸的理由,除非是一家中央对手方自身想减少其对交易商的头寸。⑬此外,交易商银行的无担保债权人面对交易商的困境时,挤兑动机降低的程度取决于该交易商场外衍生品被清算的程度。对于一家陷入困境的交易商而言,若其交易对手也是重要金融机构,中央清算还能减轻由此引发的系统性风险。但是中央对手方只能处理有相对标准条款的衍生品,但由于声名狼藉的美国国际集团金融产品部的信用衍生品高度个性化,中央对手方便无法减轻与其相关的交易对手风险。

在第 5 章中,我们会更加详细地谈谈中央对手方的稳定功能。附录里则概述了中央对手方的业务操作与风险管理,包括对陷入危机的清算成员的头寸处理。

短期债权人的弃逃

大型交易商倾向于将它们的大部分资产以短期回购协议的方式融资。这些回购协议的交易对手通常是货币市场基金、债券出借方和其他交易商银行。期限为一天的回购被称作"隔夜回购"(overnight repos)。由于灵活性最大,利率最低,这种回购非常普遍。例如,在纽约联储银行有关美国证券交易商的融资数据显示⑭，在交易商所有对国库券、机构证券、抵押贷款债券和公司债券的融资里，大约70%都是隔夜融资。

在危机前的正常市场条件下，交易商银行或许可将它大部分所持的机构债券、国库券、公司债券、抵押贷款债券和担保债务凭证通过每日更新隔夜回购的方式融资，所付的折扣率平均在2%以下，这样就至少有50倍的有效杠杆率。由此，交易商能够以极少的资本持有这些资产，并体现在其资产负债表上。在贝尔斯登和雷曼兄弟倒闭之前，它们的总杠杆比率（资产/资本）在30倍以上，而且对短期回购市场的依赖性极高。⑮通过将资产负债表上的会计数据与10Q报告的脚注信息结合起来，金（King，2008）估计，在2008年上半年，约42%的大宗经纪交易商的金融工具都是通过回购或是类似回购的交易来实现融资的，参见表3.1。对于贝尔斯登而言，这个比例是55%。根据金的估计，在2007年年底，这些银行的质押率为48%。

表3.1　贝尔斯登和雷曼兄弟破产前经纪交易商利用金融工具的季末融资(亿美元)

	5月8日摩根士丹利	5月8日高盛	5月8日雷曼	6月8日美林	2月8日贝尔斯登	第二季度总计
金融工具总数	3 900	4 110	2 690	2 890	1 410	15 010
已被质押（并且可以被再质押）	1 400	370	430	270	230	2 710
已被质押（且不能再次质押）	540	1 210	800	530	540	3 620
不能被质押	1 960	2 530	1 460	2 080	640	8 680
质押率	50%	39%	46%	28%	55%	42%

资料来源：King(2008)。

　　虽然为交易商银行提供资金的回购债权人对抵押资产拥有追索权,而且通常还会有折扣,这会在一定程度上使抵押资产不受市场价值波动的影响,当交易商银行的偿债能力受到质疑时,它们很少有兴趣或根本没有兴趣去更新回购协议。[⑯]

　　如果交易商的交易对手无法退还回购协议债权人的资金,这些债权人就有激励或根据法律要求[⑰]而立即变卖抵押品,如果变卖后所得的现金仍有缺口,或许还会面临着资产处置不当的法律指控。但回购协议的债权人只要将收回的现金重新投资在其他交易对手,就可避免受到这些威胁和其他无法预见的困难。

　　如果一家交易商银行的回购债权人没有更新其全部头寸,又缺少政府或中央银行提供的紧急支持,交易商在短期内用其他方式来筹集足够资金的能力就值得怀疑了。塔克(Tucker, 2009)就强调过范围广而灵活性强的最后贷款人融资的重要性。当一家交易商银行无法紧急通过回购协议来获得融资时,交易商的债权人和交易对手将面临直接风险。如果交易商进行资产大甩卖,将会导致回购抵押品的市场价值下跌,从而对其他市场参与者造成毁灭性的影响。资产大甩卖获得的现金可能并不足以满足资金需求,特别是在抵押资产自身的市场价值下降引发银行清偿力问题的情况下。即使这家交易商银行能够迅速变卖足够的资产来满足它当前的现金需求,资产大甩卖可能导致市场的其他参与者对交易商的实力状况做出极为负面的推测。

吉纳科普洛斯(Geanakoplos,2003)及布伦纳迈尔和佩德森(Brunnermeier and Pedersen,2008)建立的一个负反馈循环模型显示,如果回购抵押的透明度降低或抵押物价值波动加剧,促使回购折扣率显著提高,并反过来导致大甩卖、价格下跌和折扣率的进一步提高,交易商银行的融资问题可能会在一场大危机下迅速恶化。2008年秋天,投资级公司债券的折扣率上升了20%,而且以很多种担保债务凭证(CDO)和投机级别公司债券的回购变得不太可能了[18]。阿巴特(Abate,2009)指出,在2008年3月至2009年3月之间,包括非机构抵押支持债券在内的公司债券回购交易下降了大约60%。

表3.2是全球金融体系委员会(Committee on the Global Financial System)2010年发布的关于回购折扣率的调查结果。此表反映了在金融危机前的2007年6月到金融危机高潮过后的2009年6月折扣率的上涨程度。该表也显示,对于那些信用程度较低的交易对手保证金也要高一些。

面对融资来源似乎陷入危险的交易商,交易对手可以尝试对这家交易商提高保证金、缩小可接受抵押品的范围或调整对抵押品的定价。在贝尔斯登倒闭前一个星期,科汉(Cohan,2009)就报道说,越来越多的贝尔斯登回购交易对手告知该公司,它们不会再更新回购融资协议,或要采用更繁复的折扣率标准和调整回购抵押品的估计方法。

表 3.2　回购折扣率的变动(%)

	2007 年 6 月			2009 年 6 月		
	优惠[a]	非优惠[b]	未评级[c]	优惠[a]	非优惠[b]	未评级[c]
七国集团政府债券						
短期	0	0	0.5	0.5	1	2
中期	0	0	0.5	1	2	3
美国政府机构债券						
短期	1	2	3	1	2	3
中期	1	2	3	2	5	7
德国 Pfandbrief 债券	0	0	1	1	2	8
优惠抵押支持证券(MBS)						
AAA 级	4	6	10	10	20	30—100
AA 级和 A 级	8	12	25	100	100	100
资产支持证券(ABS)	10	20	20	25	50	100
结构化产品(AAA 级)	10	15	20	100	100	100
投资级别债券						
AAA 级和 AA 级	1	2	5	8	12	15
A 级和 BBB 级	4	7	10	10	15	20
高收益债券	8	12	20	15	20	40
股票						
七国集团	10	12	20	15	20	25
新兴经济体	15	20	35	20	25	40

注:a. 指享受优惠交易对手;b. 指非优惠交易对手;c. 指对冲基金和其他未评级的交易对手。

资料来源:全球金融体系委员会(2010:2)。

如果对于一家交易商银行信用的忧虑流传甚广,那么处理三方回购协议的清算银行以及为该银行提供资金的回购对手很可能会开始担忧,交易商银行一旦倒闭,该如何返还回购协议上所欠的资金。如果最坏的情况真的发生,交易商可能就会把债券而非现金归还给出资的交易对手。这并非一个理想的结果，对于回购协议通常通过三方回购方式进行的货币市场基金而言尤为如此。因此，货币市场基金可能会在当天第一时间要求拿回资金而不更新这个三方回购协议。清算银行当天便可能就有风险暴露，其程度与两大因素有关：一是为交易商银行更新安排回购协议而提供的信用有多少；二是该交易商用以回购的债券由于市场价值下跌而出现的缺口有多大。

一个从事三方回购的清算银行通常会监控交易商对手的当日"净自由资金（net free equity）"，核查交易商的现金及债券（包括债务承诺）的市场价值是否为正值，但通常会允许"日间透支（daylight overdraft）"的资金转移支付的权利。塔克曼（Tuckman，2010）曾解释过，这一举动会为交易商管理当日交易清算提供方便。通常，清算银行在交易商银行信誉出现问题时，保有拒绝处理现金支付的权利。如果交易商倒闭，清算银行自身就必须变卖回购抵押品，或用这些抵押品来从另一家银行或中央银行得到抵押贷款。考虑到这个可能，清算银行或许会撤销与这家交易商签订的三方回购协议和其他清算服务，或不愿向交易商退回大量的抵押品，这将进一步降低该交易商的融资弹性。

因此，对于一家交易商可能无法完成其回购义务的怀疑是可以自我实现的，因为如果一家交易商在回购市场为其债券融资的能力突然消失，它会很难维持其日常经营。这充分说明纽约联邦储备银行于 2008 年发起的多种信用安排的重要性。比如，一级交易商信用便利（Primary Dealer Credit Facility，PDCF）在金融危机以前只是通过贴现窗口提供给受监管银行的，但如今已被有效延伸至投资银行并为其持有的证券提供融资。

一家交易商银行可能通过下列手段来减轻因短期债权人挤兑银行而产生的流动性风险：建立银行信用额度、为满足紧急流动性需要而预先保存一些现金资产和流动性较强的证券资产、对负债到期日进行阶梯化管理从而使每一小段时间内只有少部分债务需要融资。[19]面对交易对手的质疑，如果一家交易商银行的资产负债表弹性足够，它便能拥有足够的时间来筹集资金并安排其他信用额度，从而能避免资产大甩卖的发生，抵御一场清偿力危机。大型交易商银行拥有大批的专业人士来管理流动性风险。这些专业人士能控制负债到期日的分布，管理现金池和债权人可以接受的非现金抵押资产池，以确保现金和非现金资产的可供性。

交易商银行可以通过中央银行提供的信用支持便利获得担保性融资。欧洲中央银行（European Central Bank，ECB）通过定期拍卖为欧元区银行提供回购融资，而且接受的回购抵押品种类多，折扣率合适。这种回购便利是一种流动性支持。科索拉等（Cassola，Hortacsu，and Kastl，2008）的研究表明，2007 年 8 月后，当次贷抵押债券违约高峰发生后，场外回购市场所接受的抵押品种类急剧缩减，欧元区银行则更加积极地大量通过欧洲中央银行的回购拍卖交易而获得融资。美联储则一直以来都通过贴现窗口为受其监管的银行提供抵押融资。但是,贴现窗口融资只接受有限的高质量抵押证券,且使用它通常被认为是银行实力减弱的信号。如果交易商不是美联储监管的金融机构,那么它就不能使用贴现窗口。在金融危机期间,美联储银行提供了特殊信用便利,使得即使非银行交易商也能以其持有的各类资产为抵押获得融资,或是将各种流动性不佳的资产兑换为国债。[20]但是,即使用上了这些信用便利似乎也会让银行染上污点。沃卢卡斯(Valukas,2010)的报告里有言,雷曼兄弟就是为这个原因而不愿用一级交易商信用便利的。[21]就在雷曼刚刚倒闭之后,最后两家母公司未被美联储视为银行持股公司监管的大型交易商——摩根士丹利和高盛就改组成银行控股公司,接受美联储监管,从而能利用贴现窗口,获得诸如联邦存款保险公司的存款保险和贷款担保等其他政府性支持。塔克(Tucker,2009)介绍了英格兰银行最新提供的一系列抵押融资便利。

发生支付危机时,如果交易商的附属机构是加入存款保险制度的受监管银行,那么存款保险在一定程度上会减轻交易商(母公司)因回购协议中交易对手撤出或其他不稳定融资来源带来的现金需要。相对于其他形式的短期负债而言,受存款保险保护的存款不太容易发生挤兑。但是,根据《联邦储备法(Federal Reserve Act)》第23条A项,受监管的银行不能用存款来为其经纪交易商附属机构提供资金支持。

大宗经纪客户的撤离

对于某些交易商银行而言,经纪业务是其收费性收入的一项重要来源。正常情况下,如图 3.2 所示,交易商银行还可以用客户存放在它们的大宗经纪账户里的现金和债券来部分地解决自己的融资问题。

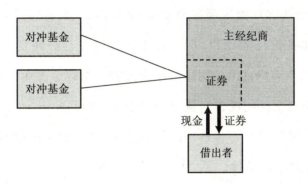

图 3.2　大宗经纪资产的再抵押

如果顾客的资产存放在一个与经纪商自身账户不同的单独账户里,且顾客对此账户拥有合法的可追踪财产权,那么我们就说这个客户的资产与它的主经纪商的资产"已被隔离"(segregated)。如果客户的资产并没有被隔离,那么这个客户对其经纪商就仅仅拥有一个合同意义上的追索权。因此,如果经纪商破产,客户能够继续持有隔离账户里的债券,但可能需要向交易商索赔所有的未隔离资产。

在英国,主经纪商账户里的债券和现金并不一定需要被隔离。因此,客户的资产经常与主经纪商自身持有的资产混合起来,并且常被用于经纪商自身的商业目的,如抵押借款。从实用角度来看,主经纪商未隔离账户里的现金就相当于不受存款保险保护的存款。在美国,主经纪商可能会也可能不会将其客户的现金完全分隔开来,具体行为依情况而定。这方面的明文规定可见美国《证券交易法》第 15c3-2 条关于"自由信用余额"(free credit balances),即客户可以随要随取的现金数额的规定。[22]但是,根据第 15c3-3 条,接受美国法规监管的主经纪商必须将其客户的"自由信用余额"集中到"经纪商为客户提供服务的安全领域"内,或是将客户资金存放在一家储备银行的账户,从而防止客户资金与公司资金混在一起。[23]将所有客户自由信用账户集中放到一个现金池中,虽然会使客户资金与主经纪商自身资金分离开来,却可以用一个客户的现金余额来满足另一个客户即时现金需求,从而为主经纪商管理客户现金提供了灵活性。

举个例子,为简单起见,假设一家交易商有两个大宗经纪客户。对冲基金 A 在它这里有 1.5 亿美元的现金,它向对冲基金 B 借出了 1 亿美元。剩下的 0.5 亿美元现金必须被存放在一个储备账户里,如图 3.3 所示。但如果对冲基金 A 突然提取了它的现金,那么这家主经纪商(交易商)就必须从其他渠道立即筹集 1 亿美元

图3.3　一家主经纪商将对冲基金 A 存放的 1 亿美元借给对冲基金 B

来满足对冲基金 B 的借款需求。因此,对一家交易商银行流动性的担忧会导致一些客户转向另一家交易商,从而使这家交易商的流动性问题更加恶化。

主经纪商对其客户发放的贷款通常是以客户资产为抵押的。对于受美国监管的主经纪商,这些质押贷款的规模限额是依资产类别确定的放贷率来决定的。比如股票的最大放贷率是其市场价值的 50%。可以以客户资产作抵押从第三方借得资金来向这一客户发放保证金贷款。更详细一点说,通过将客户的债券再质押给另一放款人,主经纪商能够获得它借给客户的资金以及为其自用而留存的其他资金。如图 3.4 所示,每发放 1 亿美元保证金贷款,交易商能够将其资产按 1.4 亿美元抵押出去。然而,根据美国《证券交易法》第 15c3-3 条,主经纪商再抵押获得的融资总额不能超过其对客户发放的贷款总额。但用伦敦账户中的大宗经纪客户的证券资产进行再质押是主经纪商非常重要的融资来源。在图 3.4 所描述的例子中,主经纪商借给其客户 1 亿美元,并用客户资产作

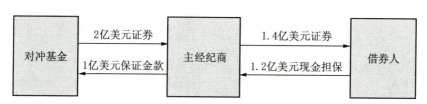

注:在这个例子里,一家主经纪商的大宗经纪客户对冲基金将 2 亿美元的证券抵押给它,而它按一定的折扣率计算将这笔证券计值为 1.4 亿美元,它将这笔证券资产向第三方(借券人)进行再抵押借得了 1.2 亿美元现金,并借出 1 亿美元给客户(对冲基金),从而得到 0.2 亿美元的净融资资金。

图 3.4　主经纪商的再抵押

为抵押获得了价值 1.2 亿美元的新贷款,多余的 0.2 亿美元资金就为自己所用。

当一家交易商银行的财务实力受损时,对冲基金可能会将其大宗经纪账户移到别家。正如雷曼兄弟的伦敦客户认识到的那样,如果不去挤兑,可能会使其不能对未被隔离且已被交易商质押给第三方的证券资产主张其所有权。具有讽刺意味的是,在美国,无论客户挤兑与否,一家主经纪商的资金流动性问题可能会因它的大宗经纪业务而加重。根据与其主经纪商的合同,对冲基金可用它在大宗经纪账户里的证券继续向交易商申请保证金贷款。但是一家流动性问题广为人知的主经纪商,就可能无法通过将这些证券再向其他投资者抵押来获得资金并向其客户发放保证金贷款了。如前解释的那样,此时,交易商的潜在回购交易对手和其他质押贷款来源的潜在提供者,更愿意将资金借往别处。因此,尽管没有大宗经纪客户挤兑,但会有效地增加交易商对现金的需求,从而暂时性地加重这家交易商的流动性危机。这还会刺激交易商"辞退"其大宗经纪客户,以免为其提供保证金融资。另一方面,如前文所述,如果大宗经纪客户开始挤兑,它们从自由信用账户中提取出来的资金就不能再被用来满足其他客户的临时提款要求,那么主经纪商就被迫用它自己的资金来满足这些需求。

总而言之,大宗经纪客户的退出会使经纪商少了一个非常重要的流动性来源。如果客户对其经纪商的偿债能力抱有怀疑,那么即使没有倒向另一家主经纪商,也会将它们的部分证券转移到托管账户中或是限制主经纪商使用这些债券。

　　辛和艾特肯(Singh，Aitken，2009)根据 2008 年 8 月至 11 月的 10Q 和 10K 报告计算发现,摩根士丹利从其客户处获取的可用于再抵押的证券金额下降了 69％,参见图 3.5。以图 3.4 为例,如果摩根士丹利能用每 1.4 亿美元的可再抵押的客户证券为自己融得 0.2 亿美元,那么根据图 3.5 所示,减少 6 000 亿美元的可再抵押客户资产就意味着少了 800 多亿美元的现金来源。

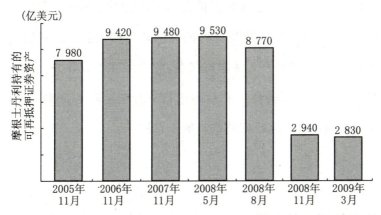

资料来源:美国证券交易委员会文件,Singh and Aitken(2009)整理。

图 3.5　雷曼破产后摩根士丹利可用于再抵押的抵押品急剧减少

　　在雷曼违约的短短时间内,相应地,美林和高盛可再抵押的客户资产分别减少了 51％和 30％。⑤

　　交易商银行陷入财务困境时,大宗经纪客户的撤离还会增加紧急资本的潜在提供者对这一银行长期盈利能力的担忧。雷曼刚刚倒闭,就有一些对冲基金至少将部分大宗经纪业务转给摩根士丹利和高盛。就在雷曼倒闭后的那些天,信用违约互换市场上使摩根士丹利的 1 亿美元的无担保债务不遭受违约损失的成本开始超过每年 0.1 亿美元。

一些分析师认为，对冲基金很可能会进一步分散它们的大宗经纪业务，并在以后将它们的资产更多地存放在托管银行而非传统的主经纪商。[25]

近来，大宗经纪业务隔离模型[26]的重要创新是一种三方托管合约，包括对冲基金、交易商银行（通常是对冲基金的主经纪商）和托管银行。这种合约创新既为保护交易商不受对冲基金倒闭的冲击而设计，也同时保护对冲基金的抵押债券免遭风险。通过这样一种安排，一旦对冲基金无法履行义务，它存放在托管账户里的一部分资产便可合法地转移给交易商银行。若交易商自身倒闭了，那么对冲基金便可立刻收回其资产的所有权。

清算与结算特权的丧失

一家交易商银行不能结清其当日债务的最后一步就是其清算银行拒绝处理相关业务，因为在扣除了清算银行对交易商银行各种潜在风险敞口后，这些业务能使在一个营业日内交易商银行的清算账户的现金余额变为负数。

在正常的业务流程中，清算银行可赋予信誉好的清算客户日间透支的权利。例如，当交易商代客进行证券交易结算时，即使它在清算银行的账户上并没有相应的结算现金,仍可将这些资金直接汇给交易商的交易对手(或交易对手自己的清算银行),前提是交易商当天晚些时候能够通过其他交易获得足够的资金。与此同时,交易商清算账户中证券资产的市场价值就能足以弥补所缺的资金量。[20]这种日间透支权利部分地以银行间借贷市场的隔夜结算传统为基础。在该传统下,只要所需资金在营业日结束前送达,便视为满足了自己在该营业日的现金结算义务。尽管日间透支有时只收取很少的费用,利息的计算通常并不建立在当日余额的基础上。在美国的银行间市场上,将联邦基金从一家银行的账户里转移到另一家的现金支付,是通过美联储电子汇划系统进行结算的。为计算联邦基金存款的利息收入和需要的存款准备金,对清算银行而言,一天中真正关键的是美国东部时间下午 6:30 时的联邦基金余额。阿巴特(Abate,2009:2)估计,日间透支的峰值出现在上午 10 点前后,并"常常达到几千亿美元之巨"。

但是,当一家交易商的流动性受到质疑时,它的清算银行就可以使用它的"冲销权"(right of offset)。"冲销权"通常是由清算账户开户者赋予的一种合约性权利,让清算银行能够用清算账户开户者的现金余额来冲抵其他交易产生的对开户者的潜在风险敞口。于是,如果对某项现金支付进行冲销后会使账户持有者的余额变为负值,清算银行就可以行使停止对外支付的权利。[28]

例如,沃卢卡斯(Valukas,2010:4:1241—1244)在报告说,在雷曼的融资来源日渐枯竭的情况下,花旗集团曾告知雷曼,花旗相信它有权冲销一笔 20 亿美元的雷曼存款,并且花旗"受到很多内部控制流程的制约要把这笔存款资金扣留在行内"。从"雷曼把这笔存款包含在披露的流动性资产池"来看,这个举动显然等同于雷曼一笔巨大的流动性损失,因此,雷曼对于花旗集团扣压这些存款的权利表示了质疑。根据雷曼所言,在 8 月,"摩根大通将雷曼的日间信用头寸缩减了 50 亿美元,并要求雷曼增加金额大致相同的额外抵押"(Valukas,2010:4:1102)。㉙沃卢卡斯称,随着 9 月的临近,雷曼面临着极大的增加抵押以覆盖对清算银行的风险敞口的压力。这些清算银行包括花旗银行、汇丰银行、美国银行以及最为重要的摩根大通银行。㉚

雷曼的主要清算银行是摩根大通。根据合约规定,摩根大通有权冲销雷曼在回购、经纪交易和场外衍生品活动中的债务。据此,就在雷曼倒闭前,摩根大通最终还是威胁着要拒绝受理雷曼将资金汇给其交易对手而结算相关交易的指示。沃卢卡斯(Valukas,2010:4:1165))继续写道,2008 年 9 月 11 日,摩根大通要求雷曼再增加 50 亿美元的现金抵押来冲抵其日间风险头寸:"根据此通知,如果在 2008 年 9 月 12 日营业开始前未收到该抵押,摩根大通将依据清算协议而行使它拒绝延期对雷曼信用的权利。"鉴于这种冲销权的存在,一家清算银行可以通过宣称一些资产为交易商对清算银行债务的抵押品,来冻结交易商在清算账户里的部分资产。㉛最终,在与摩根大通关于抵押的意见冲突进行沟通的疯狂周末之后,2010 年 9 月 15 日,雷曼的控股公司无法履行其义务,走向破产程序。

第4章
受困银行的资本重组

本章将分析像大型交易商银行这样面临财务困境又在金融系统中举足轻重的金融机构在危机前的资本重组中所面临的一些障碍。* 本书还将探讨两个"自动"资本重组机制。第一种是受困应急可转换债券，即如果金融机构无法达到法定资本充足率要求时，该债券的投资者对利息和本金的索偿权就会自动转化为股权。第二个机制则是一种强制性监管要求，即要求金融机构在不能满足法定流动性或资本要求时，允许现有股东以低价买入新的股本。这些相对较新的方法就能克服资本重组中的某些逆向激励。

---

* 这一章的一个较早版本载于《了解并终结政府救助》(Ending Government Bailouts as We Know Them)一书，该书由胡佛研究所出版社(Hoover Institution Press)于 2010 年出版。——原注

不愿资本重组的理由

若无相关法规强制要求,当一家金融机构的资本对资产的比例较小时,那么其资本重组就会面临种种阻碍。

金融机构的现有股东通常不太愿意发行新股。为了使新股能够成功发行,每股定价就会较低,稀释每股收益,而对现有股东的利益造成不利影响。尽管新增资本很可能会大大减少公司的困境成本,新增资本带来的公司总价值中的大部分却被用来改善债权人的境况,使其不需要承担公司违约带来的损失。现有股东并不乐意将自己的财富捐给债权人。迈尔斯(Myers,1977)首次解释了这种股本增发的阻碍,并称其为债务积压(debt overhang)。

图 4.1 阐述了债务积压的概念。如图所示,一家资本不够的银行很可能通过股票增发而筹得 100 亿美元,从而使总资产增加 100 亿美元。这一举动使银行债务的市场价值增加,比如 60 亿美元,这

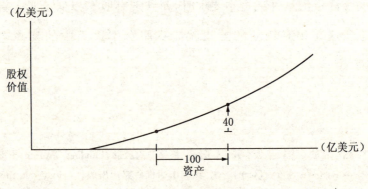

图 4.1 债务积压

就将使银行的财务困境得到同样程度的减轻。在完全竞争市场里,股权与债权的总市场价值增加额与新增资本相同,即 100 亿美元,意味着股权的总市场价值已增加了 40 亿美元。由于新股东所得的股权价值一定在 100 亿美元以上(否则它们就不会付 100 亿美元的现金来买它们的股份了),相应地老股东股权的市场价值一定减少了 60 亿美元。因此,在完全竞争市场上,老股东不愿向新股东发行新股。减少与困境成本相关的市场不完全性能提供某些发行新股的激励。但是,在这个案例里,困境成本的减少必须使股本的总市场价值至少增加 60 亿美元,才能让老股东相信新股增发的好处。

除了债务积压对筹集资本的阻碍,一家受困的金融机构在市场上所发行的新股,很可能被潜在买家认为是"柠檬"*。一个潜在投资者可能会问:"如果一家银行愿意以 10 美元每股的价钱卖掉它的股份,为什么我要付这个价钱呢? 银行总会比我更加了解新股的价值。因此,如果银行乐意以 10 美元卖掉其股票,那么这些股票顶多值 10 美元,甚至可能低很多。"这种销售障碍被称作"逆向选择"。正如阿克洛夫(Akerlof, 1970)以及利兰和派尔(Leland and Pyle, 1977)所指出的那样,通常接下来就会发生新股价格被压到

---

* 在美国俚语中,"柠檬"(lemon)有次品的意思。在信息经济学中一般指二手商品市场上,由于信息不对称,卖方拥有的信息多,买方认为卖方出售的东西没有那么好不值得购买,而只愿意支付一个更低的价格,这样真的好产品就会卖不到好价钱而退出市场,所以这个市场只会是次品市场。——译者注

极低的情况,以至于现有的股东宁愿这些股票根本不要发行。

对股东而言,通过资产的大甩卖来筹集资金同样没有什么吸引力。降低金融机构的杠杆,它们就会失去当资产价格上涨时从中获利而资产价格下跌时保留违约权利这样两头受益的好处。这些违约损失则通常由债权人(或纳税人)来承担。此外,资产的变卖本身可能就会面临严重的"柠檬"折扣。

面对严峻的银行破产成本前景,受困金融机构的债权人可能宁愿主动减少它们的合约索偿权。举例来说,如果将每 1 美元的债权本金换为价值 75 美分的一揽子新债权和股权能够避免破产,它们会立即这么做,因为一旦破产这 1 美元债权就只能收回 50 美分。但是,一家濒临破产公司的债权人极少能协调这种庭外重组。假设除了一个债权人以外,所有债权人都同意庭外重组,并且如果重组会避免公司的违约,最后坚守的债权人 * 得以全额偿付,那么该债权人就会有坚守下去的动力。或许无论如何其余的债权人都还愿意继续这么做,从而救助一个或多个小规模的坚守的债权人,但这些债权人难以避免它们自身的损失。这样的情形有时被称作"囚徒困境"。即使重组债权会使债权人的整体境况会更好一些,然而在现实中很难争取到绝大多数债权人的同意。

通常,破产机制可以有效地突破上述阻碍。通过破产,受困银

---

* 坚守的债权人(hold-out creditor)就是指不愿意将其债权打折参与庭外重组的债权人。显然,这是一个搭便车者。——译者注

行可以以一个风险更低的新资本结构得以重生。更广泛地说,就像英尼斯(Innes,1990)、哈特和穆尔(Hart and Moore,1998),以及德马佐和达菲(DeMarzo and Duffie,1999)在一系列理论分析中指出的那样,由于破产的边界条件起作用,传统意义上的由纯股权与纯债权*构成的资本结构是筹集资本和分配公司现金流与控制权的有效契约安排。但是,其理论基础并没有考虑到系统性风险对整个经济的成本,而这种成本已经超出了债权人与股东的成本与收益。

对于具有系统重要性的金融机构比如大型交易商银行的破产,还有人提出不同的处置办法,如杰克逊(Jackson,2010)所提出的特别破产程序,以及克勒纳(Kroener,2010)所主张的政府协调下的破产管理或接管。这些方法考虑到了纳税人和整个经济的成本与利益。这些建议的目的,是为了更好地保持公司层面的微观效率与整个经济的宏观成本之间的平衡。

接下来,本章将谈谈受困金融机构倒闭前的其他一些资本重组机制。

困境应急可转债

如图 4.2 所示,当困境应急可转债券(distress-contingent con-

---

* 这里之所以强调纯股权和纯债权是为了突出与后文所提供的兼有股权和债权性质的工具的区别。——译者注

vertible bond)的发行人无法满足规定的资本要求时,债权人就会收到股份以取代对未来的利息与本金的索偿权。这一想法最初由弗兰纳里(Flannery,2005)提出。

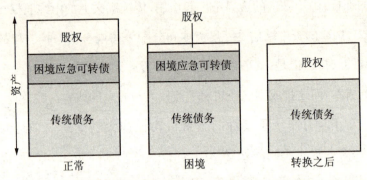

图 4.2 当银行的杠杆率足够高时,困境应急可转债便转化为了股权

关于触发条件*以及转换比率(即 1 美元的债券本金可换多少股份),有各种各样的设计①。我会在后文对此加以详细说明。此外,还有很多关于这类债券发行对金融机构满足监管资本要求的贡献度的讨论。这些应急可转债券的发行是一种强制性的监管要求还是为满足资本要求的备选方法之一,仍在讨论之中。如果是强制性监管要求,那么监管部门就需要明确监管资本的计算公式,规定困难应急可转债券、普通股(equity)、优先股和其他金融工具的资本权重。如果发行这种债券不是强制性监管要求,那么发行这类证券的动机可能源于避税调整,像普通公司债券那样,应急可转债券在转换成股票之前的利息支付是在税前扣除的。斯科尔

---

* 触发条件(trigger)即启用条件。——译者注

(Skeel,1993)就曾分析了历史上最初的困境应急证券的概念,如收入债券*和股票注销制度。

2009 年 11 月,劳埃德银行(Lloyds Bank)宣布发售价值 75 亿英镑的应急可转债券,称其为"增信资本票据"(Enhanced Capital Notes 或 CoCos),如果银行的核心资本充足率降到 5%,那么这些债券就会转化为普通股。据说苏格兰皇家银行也在筹划类似的债券发行。这些声明只是这两家银行的整个资本重组中的一部分,其他的方式还包括新股增发和英国政府注资。纽约联储主席威廉·达德利(William Dudley)和美联储主席本·伯南克(Ben Bernanke)都对为具有系统重要性的金融机构发行困境应急可转债的思想表示了口头支持。②尽管英格兰银行行长默文·金(Mervyn King)持怀疑态度,但也说过这些金融工具"值得一试"。监管方面对于紧急资本的支持,还体现在 2010 年国会考虑的《重建美国金融稳定性法案》中。

如果自动转换的触发条件是一种会计资本比率,如劳埃德银行的债券发行所用到的核心资本充足率启动机制,那么就会有人担心会计方法不能捕捉银行真实的财务情况。比如花旗银行,这家在最近的金融危机里受到政府大力救助的具有系统重要性的机构,在金融危机期间,核心资本充足率就从未降到 7% 以下。甚至

---

* 收入债券(income bond)是指只有当公司一年的收入足以支付利息时才进行利息支付的债券。——译者注

在 2008 年 12 月它最脆弱的时候，其核心资本金率还被估算为 11.8%[③]，而当时它的控股公司的股票市值已经跌至 200 亿美元左右，相当于其总会计资产价值的 1%。由于股票的有限责任性和花旗银行资产真正价值的严重不确定性，这样的股票市值估价意味着在 2008 年年底时，花旗银行的资产很可能远低于它的债务本金。虽然如此，任何基于核心资本充足率的合理的触发条件或许永远不会被触发。

如果只就资本重组的会计计量而言，或许有形普通股权益（tangible common equity，TCE）与有形资产的比率是一个更为有效的触发机制。这种方法扣除了在面临支付危机时相对无用的优先股和像商誉与营业净损失纳税扣减等无形资产。2008 年年末，花旗银行的有形普通股权益仅为 310 亿美元[④]，有形普通股权益占有形资产之比为 1.5%，有效地显示了花旗银行的资本情况远不如同行（在大银行中，只有纽约梅隆银行的有形普通股权益率可以与其"媲美"）。2009 年春，美国政府衡量大银行资本缺口的压力测试"监管资本评估计划"（Supervisory Capital Assessment Program），却是以会计意义上的普通股权益（包括商誉）为依据的。由于不良贷款的会计处理经常滞后，即使有形普通股权益也难以及时反映市场情况的变化。

尽管如此，基于有形普通股权益的触发机制看来值得我们去认真考虑。当股票市值跌至极低水平时，债券就会转换成股票。根据转换价格和转股数量，卖空者可能会试图攻击发行者的股票而触发转换,并从随之而来的股权稀释或股票的市场价格下跌中赚取利润(股票的市场价格是随违约期权价值的下跌而下跌的)。卖空者可能还会在攻击股票前买进可转换债券,从而以很便宜的价格获得新股,以进一步增加它们的获利。即使不进行这种攻击,仅仅只要有一些股东持有其他持股人变卖股份可能引发债转股的理性假设,事实上便可引发很多持股人短期内突然卖掉股份,从而让这个假设变为现实。市场不一定如此有效率以致寻求低价买股者能迅速反应以抵消由于股票卖家造成的价格下跌。

这样一种自我实现的股价下跌有时被称为"死亡螺旋"(death spiral)。它可以通过一种基于平均股价的触发机制来减缓,如根据前 20 个工作日的平均股票收盘价来确定转换价格。这样一来,某天的价格只会对债转股的价格造成占 1/20 的不利影响。

另外一种方法是基于银行信用违约互换(CDS)率的触发机制。[5]

弗兰纳里(Flannery,2009)解释道,如果协议转换价格是,每 1 美元的债务本金将会转换为 $1/P$ 的股票,一个足够高的 P 将会降低甚至消除投机性攻击的动机。弗兰纳里提到,如果转换价格高于股票触发价格(根据协议启动债转股的股票市场价格),那么这样的转换就有效地防止了股权稀释,并提高了股票的价格。这也就引发了一个问题:无论债转股的反稀释效果如何,如何设定触发价格和转换价格才能为原有股东提供强烈的激励,从而确保金融机构的资本状态良好?

流动性危机一旦出现,交易商银行资本结构中的困境应急可转债不太可能阻止危机的蔓延。预期银行可能倒闭的短期债权人、场外衍生品交易对手以及主经纪商客户,并不会仅仅因为在未来债券的本金与利息的索偿权可被转换为股权,就不再进行银行挤兑。这种债转股不能立即带来银行现金。一旦挤兑开始,理性的预测是它将以自我实现的方式持续下去。债转股触发条件的设定,应以在流动性危机前避免债权人的索偿为目标,并最好对资产负债表有足够的正面影响,从而提前防止流动性危机自我实现的发生。

还可以进行如下合约设计:将发行困境应急可转债所得的资金交由第三方机构(如信托公司)托管,并约定只有在债权转为股权后,发行人才能动用这些资金。⑥这一安排增加了银行在处于困境时的现金头寸,尽管代价是银行无法运用此前筹集到的资金。

强制认股权的发行

不说别的公司,受困金融机构有时也会给予现有股东以远低于当时市场价格购买新股的权利。考虑到股权稀释、债务积压以及逆向选择的影响,如果购买价格很接近当时市价,那么股东很可能不会行权。但是,当购买价格足够低时,许多现有股东就会认购,因为不认购的话就很可能导致其股票权益的大大稀释和财富向认购股东的有效转移。认购资金不够的股东会尽可能地在到期日之前向有钱的人出售股份(某些情况下,这些权利本身亦可被出售）。因此，只要发行人确实为其长期股东留有了一些商业价值，一个出价极低的强制性认股权（mandatory rights offering of equity）就会被认购一空。

在 2007—2009 年的金融危机里，9 家大型欧洲银行通过大打折扣的强制性认股权的发行，共募集了超过 1 200 亿美元的资金。⑦金融危机时美国大型银行却没有发行认股权，这似乎不太好理解，但这可能与美国大银行股权分散有关，股权分散增加了认购不足的风险。

低价发行的认股权很大程度上巧妙地解决了前述的逆向选择问题。实际上，新股的买卖双方是同一批投资者。然而由于债务积压，很多情况下，现有股东不愿意行使这样的强制认股权。因此，由于系统性风险的社会成本，或许更合适的做法是引入一种监管安排，即一旦金融机构的有关财务状况触发了某一特定标准，它就会被强制要求发行认股权。⑧如果一家金融机构的短期债权人、客户和其他交易对手知道规定的流动性触发条件会引发足够大规模的认股权发行，那么它们就会认为流动性危机不太可能发生而不会去挤兑银行来引发危机。

在现行的美国监管制度下，当银行无法满足所规定的资本重组标准时，银行也会被要求发行新股，或是以其他方式募集新的监管资本。但是在现实中，倒闭的银行大多并未因为这些监管要求而被强制募集新的资本。要么这些触发机制的设计有问题，要么是监管者过于宽容，其原因想必二居其一。

与债权向股权的转换相反,强制性股票认购权增加了现金,从而降低了引发流动性危机的风险。的确,如果存在当金融机构的资本状况恶化时发行股票的强制性要求,就可能防止债权人等从这家金融机构中提取现金从而导致银行挤兑的自我实现。但是,由于新股发行与新股购买现金结算的时间差,即使强制性认股权发行也不太可能阻止一场已经开始的挤兑。触发机制的设定必须保证新股在出现现金需求之前售完。因此,与困境应急可转债相反,这种触发机制的设计应当更多地基于金融机构的现金流动性而不是体现在总资产负债表上的清偿力。

困境应急认股权发行也使股东更有动力向公司施加压力以避免冒险行为(股东之间能否协调行动以有效施压仍可存疑)。此外,在金融危机时期,银行可能需要大量的新增资本为实体经济提供信贷支持。认股权发行可以筹措到新的资金,否则这些资金就会因上文提及的市场不完全性所引发的债务积压和逆向选择而留在持有者手里。

受困金融机构自动重组的另一种方法是让金融机构购买其自己股票的看跌期权。看跌期权应约定一个基于特定经营损失的行权事件,正如怡安保险(Aon)和瑞士再保险公司(Swiss Re)等保险公司的做法。一个替代方法是引入金融机构可以酌情行权的美式看跌期权。显然,执行价格的设定应能使得金融机构在流动性危机前实现资本重组。

依赖于这种看跌期权的金融机构同样依赖于看跌期权卖家的

信用状况。如果一家金融机构陷于困境的根源是一场全面的金融危机，那么看跌期权的卖家自身也会面临困境而无法履行购买股票的责任。正如卡尔普(Culp, 2009)所解释的那样，有些保险公司选择从特殊目的实体(SPE)处购买看跌期权，这种特殊目的实体必须投资于相对安全的资产以覆盖行权成本。在这方面，强制性认股权的发行同样有效，因为它们一旦被给予了现有的股东，就可被卖给任何拥有足够现金来行权的投资者。因此，一家以极低价格进行认股权发行的受困金融机构，就能进入全球资本市场筹措资金。认股权发行将资金返还给信用提供者(金融机构)，从而减少了金融危机时期投资者对资产质量的追逐(flights to quality)* 所带来的负面影响。

---

　* 投资者对资产质量的追逐是指在市场不稳定时期，投资者会将资金转移到最安全的投资上以免发生损失。——译者注

第5章
改进金融监管与加强市场基础设施建设

在最后一章里,我将总结一下增强大型交易商银行金融稳定性从而提高金融系统稳健性的一些政策措施。过去,这些银行通常被认为"大而不倒"。尽管2007—2009年的金融危机中政府提供了一些新的流动性与资本支持,它们或许能够防止一些破坏力极强的倒闭事件,但其中一些措施实际上是让纳税人承受了巨大负担,在缺乏其他措施的情况下还可能增加大型交易商银行进行冒险行动的道德风险。

在此,我们重点关注:(1)流动性监管要求的加强;(2)场外衍生品的中央清算;(3)增强三方回购清算稳健性的途径;(4)当严格的偿付能力标准或流动性标准未能满足时自动筹资机制的引入;(5)倒闭处置机制的改进。

对交易商银行实行更高的流动性标准

一家金融机构倒闭最明显的原因就是其资不抵债。但是,即使在完全竞争市场中,这种清偿力不足的情形亦既非倒闭的充分条件又非必要条件。看一家金融机构能否继续运营,最直接的方法就是看它每天产生的现金流能否满足当天的交易支付。但即使一家金融机构的债务远超其资产的市场价值,只要这些债务不是马上到期,它完全有可能满足这些流动性要求,并逐渐重建清偿力。在不完全竞争市场中,各种摩擦的存在都能让一家交易商银行无法满足其日常对外现金支付,无论按资产负债表的流动性高低其资产是否足以偿付其债务。

为筹措现金而被迫变卖非流动资产会导致大量损失。除了时间紧、买家不好找不得不打折出售外,资产的清算价值(liquidation value)还可能因逆向选择而进一步降低。正如第 4 章所述,由于潜在买家对资产未来的现金流的了解程度不如卖家,买家的出价应低得让其信息劣势不再会让其吃亏。同样,这个原理也限制了银行通过发行债券或股票来筹集资金的能力。如果卖家正面临流动性危机的情况已为人所知,而债券或股票的发行价格是事先确定好的,那么发生逆向选择的概率就被降低。但问题是在金融危机下,那些在正常情况下本来可以充分利用这一机会为其资产谋利的潜在买家,自身也可能面临现金紧张的局面,也很想筹集资金或卖出同样种类的资产。

除了立刻变卖资产以外,募集资金的另一种方式是将资产用作抵押品以获取抵押贷款。但是,如果银行的偿债前景变得暗淡,那么甚至连获取抵押融资的机会也会减少。当一家交易商银行正经历流动性危机时,它可能会面临着折扣率和抵押品定价的歧视性条款。随着像国债这样的无担保的高质量抵押品的减少,流动性危机的可操控空间也在缩减。最终,回购市场将会停止提供必要的融资来保持交易商银行资产负债表上的资产。这时,即使是大量变卖资产也不太可能避免银行的倒闭。像雷曼兄弟那样的破产可能很快就会随之发生。

塔克(Tucker,2009)解释道,在金融危机时期,美联储和英格兰银行为大型交易商银行提供了一系列新的抵押贷款措施,作为其后备融资渠道。欧洲央行的传统回购操作继续向银行办理多种资产的回购而提供融资支持。

此外,我们应为大型交易商银行设定更高的流动性标准。巴塞尔银行监管委员会(Basel Committee on Banking Supervision,2009)建议"流动性覆盖比率"(liquidity coverage ratio)的最低标准是100%,即对于30天内可能流出的每1美元现金,银行需要向监管者证明它的未抵押高流动性资产(unencumbered highly liquid assets)里至少有1美元与其对应。但是,这一流动性覆盖比率定义并未考虑到交易商银行对来自客户资产与衍生品交易对手资产的短期融资机会的依赖。如第3章所谈到的,当对冲基金"挤兑"它们的主经纪商时,它们在这些经纪商处"存放"的资产可能就不再是这些经纪商的融资来源了。与此相似,当场外衍生品交易对手停止与一家受困交易商银行交易时,它们会取出之前存放在交易商处并被其用作融资渠道的抵押品。一家交易商银行对这些不稳定的短期融资资源的依赖是一种流动性风险,并且应当在进行最低流动性比率监管要求的设计时被考虑进去。

为了达到最低流动性要求,应要求交易商银行证明即使抵押贷款和回购协议的折扣率大幅提高,它能对其短期借款进行展期。从这个角度说,由于风险较高的资产在金融危机到来时折扣率会提高,因此,以这类资产为抵押品的回购协议不能作为一种短期融资来源。此外,无抵押贷款的期限分布应当合理,不可让一大笔债务在很短的时间内同时到期。

三方回购清算公用平台

如上文所言,短期回购协议代表了交易商银行的一种不稳定的融资来源。当担心交易商银行偿还能力时,贷款人只是简单地将资金转借给另一个更可靠的回购交易对手。而在三方回购协议中,清算银行决定是否继续提供清算服务的自由裁量权特别关键。如果清算银行对交易商银行有一个信用敞口,例如通过日间透支(第 3 章中谈到过)或其他业务线,那么清算银行自身的风险就是一个系统性的问题了。如果清算银行行使其裁量权,在当天停止向交易商银行提供信用,或不再为交易商银行的交易提供清算服务,或要求交易商银行提供大量的额外抵押,那么交易商银行就只能关门大吉。

伯南克(Bernanke,2008)就曾指出过三方回购公用平台(tri-party repo utility)的潜在好处:三方回购公用平台减少了向交易商展期回购头寸的自由裁量权,也减少了续借还是不续借的纠结。同时,业务操作也能更清晰地得到监控①。但是,将三方回购清算与清算银行的其他业务分开,会减少交易商银行现金管理的弹性,并降低其正常经营条件下的潜在杠杆比率。我们需要将这种效率成本与将三方回购清算与清算银行的其他业务分开所带来的金融稳定性收益做个比较。

阿巴特(Abate,2009)提到了美联储为三方回购交易提供保险的可能。另一个正在讨论的方法则是由回购市场参与者出资构建一个"紧急银行"(emergency bank),使该银行能够妥善处理受困交易商有序退出回购的事宜。这个紧急银行可以到央行的折扣窗口进行融资,并能保证受困交易商退出回购的过程中,具有系统重要性的清算银行不受影响。虽然这些方法在危机中的确有一定的优势,但考虑到政府救助的支持,会助长市场参与者正常业务中追逐风险的行为,从而加大道德风险。

不管三方回购清算公用平台如何设计,我们应对交易记录、保证金、日间透支限额以及定期回购期间的抵押品替换建立一个严格的标准[②]，应改进信息披露，包括披露三方回购中每种抵押品的数量以及对每类押品适用的平均折扣率。基于这些披露的信息，市场参与者便能更好地判断市场不稳定前景发生的可能性。塔克曼（Tuckman，2010）建议新的资本充足率要求应当反映清算银行面临的日间风险。

限制调整回购折扣率的规则可以减弱折扣率提高带来的负面影响。

场外衍生品交易的中央清算

中央清算可以有效地降低交易商银行场外衍生品交易对手弃逃而对交易商造成的压力。大范围的清算还能够通过正负轧差后的净额结算，而减少交易商面临的总敞口。举例而言，如图 5.1 所示，假设不考虑抵押品效应时，交易商 B 在交易商 A 有 1 亿美元的信用敞口，交易商 C 在交易商 B 有 0.9 亿美元的信用敞口，而交易商 A 对交易商 C 有着 0.8 亿美元的信用敞口。除了将交易商 A、B、C 从彼此的违约风险中隔离以外，中央清算还能极大地降低信用敞口。一旦所有三家交易商都结清头寸后，图 5.1 中的三角形——中央对手方（central clearing counterparty，CCP）——就能为每一家交易商进行其应收和应付的净结算。比如，如果不考虑抵押品，交易商 A 现在就面临着最大 0.2 亿美元的可能损失。除了降低每家交易商面临的交易对手风险,从而降低补充昂贵抵押品的需求以外,这些交易对手风险敞口的减小还降低了系统性风险。

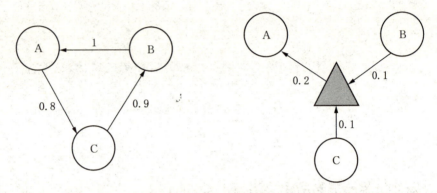

图 5.1　多边净额结算带来了交易对手信用敞口的减小

但是,如达菲和朱(Duffie and Zhu,2009)所解释的那样,中央清算能够减小风险敞口的前提是清算过程已足够中央化。这一点在图 5.2 中有很好的体现,该图假定交易商 C 通过一家与交易商

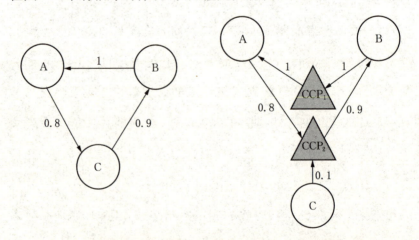

图 5.2　多个中央对手方使减小交易对手风险敞口的功能大打折扣

A、B不同的中央对手方来清算其衍生品。尽管涉及了两个中央对手方,交易对手信用敞口仍然很高,并且还有对抵押品不必要的过高需求。即使不考虑成本因素,它显然抑制交易商和其他市场参与者来对其衍生品进行清算。

很显然,中央清算的有效性很大程度上依赖于中央对手方的财务实力和风险管理水平。达菲、李和卢布克(Duffie,Li,and Lubke,2010)描述了中央对手方恰当的监管、资本化、抵押品标准和风险管理的重要性。(这些问题在附录中有简要的评价。)一旦一个中央对手方清算了相当大数额的衍生品,它自身就是系统性风险的一个来源了,并且很可能导致对于间接政府支持的需求。但是,就像三方回购清算公用平台,中央对手方的自由裁量权较小。虽然中央对手方也面临着"大而不倒"的道德风险问题,但这与大型交易商银行源于自由裁量权、范围和风险接受弹性的大而不倒,有着显著的不同。

目前,大部分场外衍生品交易头寸并未被清算,并且也没有对有关股票、商品和外汇的场外衍生品交易的大规模清算计划。虽然也有很多利率互换的头寸已经得以清算,但大部分并没有。

应急资本

当衍生品中央清算、三方回购公用平台和严格的流动性覆盖比率监管取得显著进展时,交易商银行要开展业务的话就需要封存一大笔额外的资本。但是,一家大型金融机构的资本结构效率,也许能够通过紧急资本来得到部分恢复。第 4 章中解释过的一种紧急资本,具有与债券相似的对利息和本金的索偿权,并会在规定的困境触发条件满足时转换为股权。大量设计精巧的应急可转债能够减轻道德风险、成本高昂且具有系统破坏性的资产大变卖,以及(当转换实现后)债务积压问题。另一种不错的紧急资本是监管部门规定强制性认股权发行的触发机制,即受困金融机构要求股东以一个在当时市场价格大打折扣的价格购买股票。通过这个机制,每当一家系统重要性金融机构的某一资本或流动性比率下降到低于规定的最小值时,这家金融机构就会被要求立即安排这样一种权利发行,以重建金融稳定。相比应急可转换债,强制性认股权发行有以下一些好处:第一,它们为受困金融机构即刻带来现金;第二,它们为金融部门融入了在金融危机时尤为宝贵的资本。认股权发行还可能为刺激金融机构保持良好资本结构增加了灵活性。

改进破产处置机制

尽管在监管、最佳做法和市场基础设施建设方面还会有所改进,大型金融机构的破产似乎是不可避免的。除了其他措施,理查

德·赫林（Richard Herring，2010）和斯夸姆湖金融监管研究组
（Squam Lake Working Group on Financial Regulation，2010）提议
制定清晰的破产计划,有时被称为"生前遗嘱"（living wills）,它能
够有效地结束或转移金融合约,而不会带来因资产大变卖和交易
对手或债权人陷入困境而产生的大量不必要的摩擦成本。赫林
（Herring，2010）解释说,这一点在国际范围内尤其有挑战性也更
显重要,因为不同主权司法管辖区内的处置当局或法院会适用明
显不同的方法,也有明显不同的动机。

　　但是,大型交易商银行的处置机制在其控股公司层面还不那
么有效。美国国际集团（AIG）虽然不是本项研究范围内的金融机
构,但它是对大而不倒的金融机构的一个重要例证,并且对于美国
政府而言,仅仅以当时可用的监管工具来维持稳定的成本是极大
的。正如美联储主席本·伯南克所述,美国的监管者相信他们除
了让雷曼进入破产程序以外,没有别的必要的监管工具来处置
雷曼。

　　杰克逊（Jackson，2010）以及杰克逊和斯基尔（Jackson and
Skeel，2010）建议修改破产法来完善具有系统重要性的金融机构
的处置方法。克勒纳（Kroener，2010）提出的另一解决办法是政府
协调的破产管理或托管,这一方法已被写进 2010 年的《重建美国金
融稳定性法案》,成为待执行的法律条款了。

　　但是,正如布利斯（Bliss，2003）以及爱德华兹与莫里森（Ed-
wards and Morrison，2005）所述,并不清楚上述建议的任何一项救

助机制能否有效地处理好交易商银行的大量隔夜回购融资以及大量不明晰的场外衍生品交易,这两类交易都为处置机制增添了特别的困难。

有些关于大型金融机构破产处置的提议还可能造成未曾料到的结果,即增加债权人和其他交易对手"挤兑"的动机。例如,处置当局启动救助程序的裁量权增加了债权人对任何一项救助行动启动时间的不确定性,也使债权人对其在行将破产的金融机构的索偿权会得到何种处理表示怀疑。由于面临这些不确定性,债权人的挤兑可能会加速。在场外衍生品交易和回购协议中,如果处置程序将有能力进行挤兑的交易对手和债权人合约冻结很长一段时间,或者要求双方在巨大损失的威胁下终止合约,这类挤兑都可能会加速。设计得好的破产办法就可减少自由裁量权,让交易对手和债权人对其结果更能预测,这就会降低挤兑的风险。

附录 衍生品的中央清算

本附录直接取自达菲、李和卢布克（Duffie，Li，and Lubke，2010），是对衍生品中央清算的一个简介。

通常，交易对手信用风险可通过"清算"来降低，即通过中央对手方来达到担保的效果。有时中央对手方也被称作清算所（clearing house）。中央对手方介于初始的两个交易对手之间，在最初的买方面前充当卖方，而在最初的卖方面前充当买方。中央对手方依赖一系列的控制手段来维持财务韧性，包括苛刻的成员准入制度、严格的抵押安排、清晰的违约管理程序以及支撑其履职的重要金融资源。

由于中央对手方的多头和空头都是自动抵消的，只要原始交易对手能够继续履约，那么中央对手方在这项衍生品合约上就既无损失也无收益。但是，中央对手方却面临着每一个参与者的对手信用风险。考虑到这种风险以及中央对手方的系统重要性，监管者和中央对手方应对希望成为清算成员、让中央对手方为它们的交易进行清算的市场参与者，设定严格的准入标准。清算成员还必须提供流动性强的资产作为保证金，用以抵消一旦无法履行其对已清算衍生品头寸的义务时中央对手方产生的亏损。中央对手方从每一个成员处收取两种保证金，一是交易开始时的"初始保证金"（initial margin），二是每日另算的在中央对手方和清算成员间交换的"变动保证金"（variation margin）。在任何一天里，变动保证金是衍生品市场价值与前一天相比的估算差额。本附录的后面还会更详细地说明初始保证金和变动保证金的确定。

除了证明财务实力和提交保证金之外，每个中央清算成员还必须向中央对手方担保基金池（pooled CCP guarantee fund）认缴一定的资本。这个担保基金是初始保证金之后的补充资源，用以覆盖某位成员无法继续履行其已清算的衍生品项下的义务而对中央对手方造成的损失。举例来说，假设交易对手 X 破产，并因此"欠"中央对手方 1 亿美元，即中央对手方解除与 X 的衍生品交易的成本。假设此前 X 已向中央对手方缴纳 0.8 亿美元的保证金，那么中央对手方会首先用这些保证金填补其亏损。剩余的 0.2 亿美元则需要动用中央对手方的包括担保基金池在内的其他资金。接下来的程序和中央对手方可用的资金支持形式取决于中央对手方的特定规则。本附录的最后便描述了这样的一个例子。

缴存在中央对手方的初始保证金数量应基于衍生品的种类及头寸规模可能会对中央对手方带来的风险,后者只能通过(往往是比较复杂的)分析才能确定。每种衍生品合约的初始保证金部分取决于该种衍生品市场价值变动的波动性,这是考虑到一旦成员无法缴纳变动保证金,在确定变动保证金支付数额的时间点和中央对手方有序地将衍生品合约平仓的时间点之间存在一个滞后。在大多数极端情景下,初始保证金会大于衍生品头寸市场价值在这个时间窗口的变动量。例如,信用违约互换的初始保证金通常比名义规模相同的利率互换保证金要高,因为大多数信用违约互换协议所针对的借款人会有信用状况突然恶化的可能。初始保证金的确定还应考虑到在冲抵交易期间这些金融工具流动性的恶化可能。例如,在财务紧张时期,某些种类衍生品的买入价和卖出价的价差可能会突然变大。

对每日变动保证金的定价要求对中央对手方清算的每一种衍生品的公允市场价格做出估计。考虑到每一种清算的衍生品风险的分析成本和定价方法的建立成本,以及其他固定成本,对交易不活跃或非常复杂的衍生品进行清算是得不偿失的。除了处理这些交易不活跃或结构复杂的衍生品的成本较高之外,中央对手方还可能面临倒闭的清算成员结束交易收回头寸的突发需求。如果中央对手方被迫在短期内对交易不活跃的衍生品头寸进行平仓,那么它就很难避免大甩卖造成的损失。

对于交易活跃、规模适当的衍生品头寸而言,中央对手方可能仅仅需要一两天的时间来冲抵这样的头寸且不会引发额外的严重的大规模减价损失。对于交易不活跃的大笔衍生品头寸，中央对手方则需要较长的时间来抵消这些头寸以避免大甩卖带来的损失。因此，每一种衍生品初始保证金的合适金额既反映了衍生品市场价值的每日波动情况，也反映了有序地冲抵这些头寸所需要的天数。这也是中央清算不适合交易量少的衍生品的最重要原因之一。

衍生品头寸所要求的初始保证金很自然地等于该头寸市场价值每日波幅乘以有序地冲抵这些头寸所需的天数加 2，并再乘以一个安全乘数。额外的两天是合适的，因为在给定的一天中，变动保证金的支付通常由前一天的收盘价决定，中央对手方则可能会后一天收到这笔付款（或发现没有到账）。如果说有麻烦的第一个信号是交易对手不能交纳其保证金，那么从上一次定价到意识到它必须开始冲抵交易对手的头寸，中央对手方需要可能长达两天的时间。

我们在此给出一个关于特定衍生品头寸初始保证金决定的假想案例。

假设一个中央对手方历史上平均每日清算名义规模为 1 亿美元的某种衍生品。据估计，该种衍生品的有序冲抵要求每天的清算规模不超过日均清算总额的 20%，在本例中就是 2 000 万美元。而交易对手则希望清算名义规模为 6 000 万美元的交易。在此，我们假设交易对手此前没有任何的头寸。在每天 2 000 万美元有序抵消速率下，这笔 6 000 万美元的名义头寸需要 3 天的安全抵消时间。由于在抵消启动之前有两天的缓冲时间，初始保证金应当覆盖 5 天里虽然有点极端但很可能发生的情景中的市值变化。据估计，每 100 万美元此类衍生品的每日波动值是 2 000 美元。因此，6 000 万美元的头寸意味着每日波动幅度在 120 000 美元左右。由于每日波动幅度代表了一般情形的每日价格变动，但这种保证金应覆盖困境情形，我们在此假设中央对手方或其监管者对此类衍生品规定了 3.5 的安全乘数。由此，6 000 万美元交易的初始保证金便是波动的 5 天乘以每天的头寸变动值 120 000 美元，再乘以困境乘数 3.5，即 210 万美金的总额。这种计算忽略了"风险分散"效应——在连续 5 天里的价格变化并不是完全相关的。

如果一个中央对手方对大量衍生品交易的清算非常成功，那么该中央对手方本身就是一个具有系统重要性的金融机构。中央对手方的破产可能会突然使许多主要的市场参与者面临损失。此外，任何这样的破产都很可能是被一家或多家大型清算成员的破产所引起的，这通常发生在市场极度脆弱的时期。因此，虽然稳健操作与财务控制是降低中央对手方破产可能性的最重要措施，中央对手方还备有随时可用的措施，以迅速获得资本或迅速抵消其衍生品头寸而尽量减少对交易对手风险和相应市场的影响。监管者应确保一个中央对手方的风险管理体系完善和金融资源充足，从而使得中央对手方可以经受虽极端化但有可能出现的情景。目前的国际标准仅仅注重了对"极端但可能"（extreme but plausible）

的市场条件下最大单一参与者的破产保护，近年来的经验表明这是远远不够的。监管标准应确保中央对手方对更广泛的一系列风险都保持着坚韧性。这些风险包括多个市场参与者的破产、金融资源的突然大规模减价变卖以及市场流动性的迅速降低。极端但可能的损失场景应当至少包括历史上最大的市场价格波动。相应的保证基金和其他资源的规模，应由中央对手方及其监管者定期进行重新评估。

如果一个清算参与者无法履行合约义务，它的中央对手方通常有多种金融资源可加以利用。在这样一种情形下，中央对手方的主要目标是对每一个未违约参与者都能够继续履约。这样做便可防止系统性风险的扩散。尽管设计方案可能有所差异，但一个典型的中央对手方会有对于违约成员衍生品头寸抵消成本的多层保护机制。按采用的优先顺序大致是：(1)受困参与者存放的初始保证金；(2)该参与者向中央对手方认缴的担保基金；(3)中央对手方的"第一损失"(first-loss)资本池；(4)担保基金池中未违约成员的缴纳部分；(5)若担保基金发生亏损，要求中央交易清算成员追加缴纳。在实践中，中央对手方的设计各不相同，但可能包括上述及其他为进行违约管理而动用的金融资源。

我们可以举一个关于中央对手方的各种金融资源在多个清算成员倒闭的情形下如何运用的例子，来加以解释。让我们考虑达菲、李和卢布克(Duffie, Li, and Lubke, 2010)提出的一种情况(参见图 A.1)：在一场严重且突然的金融危机里，中央对手方的多个成员相继倒闭。在图 A.1 所示的情境中,参与者 A 是第一家违约的机构。假设在某一天,A 未能支付要求的变动保证金。在这个特定的中央对手方的规则下,这个违约参与者的衍生品头寸会通过拍卖的方式卖给尚能正常营业的其他参与者。A 的每一个衍生品头寸都会被分别拍卖,而承诺以最低成本接管 A 的衍生品头寸的成员会成功竞买。不考虑管理成本,A 的所有竞拍成功者所出的条件便是中央对手方抵消 A 头寸的总成本。该总成本反映为图中参与者 A 的柱形图阴影部分的高度。如图所示,尽管人们企望初

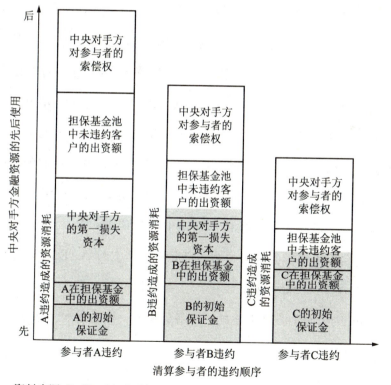

资料来源:Duffie,Li,Lubke(2010)。

图 A.1　中央对手方可用资源的逐步消耗

始保证金应足以负担多数极端情境下的抵消成本,但实际上这种头寸的抵消成本已经超出了 A 最开始缴纳在中央对手方处的初始保证金。确实,这一情境太过极端,抵消成本已超出了初始保证金和 A 交纳的担保基金的总和。抵消成本的剩余部分则由中央对手方考虑到该可能性而持有的"第一损失"资本来加以融资。在现实中,衍生品头寸的拍卖不是单个进行的,而是打包处理的。

在这个例子中,A 违约后,参与者 B 也发生了违约情况。B 的头寸抵消成本会首先被 B 存放的初始保证金所承担,余下的部分再由 B 缴纳的担保基金来覆盖,再由中央对手方剩下的第一损失资本来承担(中央对手方的第一损失资本已经部分承担了 A 的违约成本)。在中央对手方补充其第一损失资本之前,参与者 B 的违约便已经发生了。B 的衍生品头寸抵消成本很大,还需要部分担保基金来弥补。最后,参与者 C 破产了。此时,中央对手方的第一损失资本已被 A 与 B 的破产耗尽,并且中央对手方没有足够的时间来补足其第一损失资本和担保基金。如图所示,C 的头寸抵消成本还需要一些已减少了的担保基金池中的款项来弥补。最终,中央对手方会发现它已经没有足够的资源来抵消它与 A、B、C 的衍生品头寸,并同时继续履行与未违约参与者的衍生品头寸义务了。接下来,中央对手方会重建其担保基金和第一损失资本。

注　释

前言

① Tucker(2010)。

第 1 章　导论

① Bliss 和 Kaufman(2006)评价了银行和非银行破产之间解决方式的区别。

② Horwitz(2009)。

第 2 章　什么是交易商银行?

① 表 2.1 中未包括的一级交易商有:卡特尔·菲茨杰拉德(Cantor Fitzgerald)、杰弗里斯公司(Jeffries & Company,这两家公司都

是同业经纪商）、大和美国证券（Daiwa Securities America）、美国瑞穗证券（Mizuho Securities USA, Inc.）、野村证券国际（Nomura Securities International）以及加拿大皇家银行（Royal Bank of Canada）。表 2.1 中所示的银行中不是美国政府债券的一级交易商的有德国商业银行（Commerzbank AG）、法国兴业银行（Société Générale）和美国富国银行（Wells Fargo）。

② 关于商业银行和投资银行之间的潜在协同效应，参见 Kanatas 和 Qi（2003）。

③ 风险失察的例子参见 UBS（2008）：《瑞银集团资产减计的股东报告》（Shareholder Report on UBS's Writedowns），特别是第 5 章，《风险管理与控制活动》（Risk Management and Control Actitivities）。

④ 参见 2010 年 1 月 21 日的白宫新闻公告《奥巴马总统呼吁出台对金融机构规模与业务范围的限制性规定以控制过度膨胀并保护纳税人》（President Obama Calls for New Restrictions on Size and Scope of Financial Institutions to Rein in Excesses and Protect Taxpayers），http://www. whitehouse. gov/the-press-office/president-obama-calls-new-restrictions-size-and-scope-financial-institutions-rein-e。

⑤ 参见 ISDA，MFA 和 SIFMA（2009）。

⑥ 参见 http://www. dtcc. com/products/derivserv/。

⑦ 与压缩交易相关的数据参见 Duffie，Li 和 Lubke（2010）。

⑧ 参见 Hintz，Montgomery 和 Curotto(2009)。

⑨ 参见 Barr(2007b)。结果这家和另一家同样被加固的内部对冲基金在次月倒闭了。参见 Barr(2007a)。

⑩ 参见 Goldman Sachs(2007)。

⑪ CNBC(2008)报道:"花旗管理的猎鹰基金被记入了银行的报表中,从而使银行的资产和负债增长了 100 亿美元。"

⑫ 参见 Goldstein(2007)。

⑬ 参见 Moyer(2007)。

第3章　银行倒闭机制

① 参见 International Swaps and Derivatives Association(2004)。

② Yavorsky(2008)写道:"金融机构任何感知的或实际的重大问题的出现,都可能导致信用违约互换约务更替请求的突然增加,因为交易对手都在试图减少它们对这家机构的信用敞口。除了处理这些请求的经营性负担以外,大量的约务更替请求也会成为压干金融机构流动性的事件,因为金融机构拥有净应收头寸的现有的交易对手会转移它们的交易并收回现金保证金。同样,当金融机构拥有净应付头寸的交易对手将交易转移给新的交易对手时,金融机构就要求满足更高的抵押要求(包括初始保证金)。尽管这家金融机构没有合约义务一定要同意约务更替,为让客户满意它不得不这样做,并维持它拥有充足流动性资源的表象(否则可能会严重削弱其得到对信心非常敏感的流动性的

能力)。面对这样一种突然的'现金需求',如果先前没有足够的准备,更糟糕的是如果金融机构还面临其他困难,就会造成非常负面的自我实现的结果。这种风险在贝尔斯登的破产前夕格外突出,并很可能在其中扮演了一个重要的角色。贝尔斯登正是信用违约互换市场上的一个积极参与者。"Leising(2009)指出:"交易商银行,如摩根大通、高盛和瑞银集团都在与信托公司ICE Trust 共同努力,试图制定一个客户资金免受交易对手违约影响的保护框架,如隔离的抵押账户。由于没有隔离账户,雷曼兄弟在去年申请破产以后,作为额外抵押品存放在雷曼的资金蒙受了巨大损失。纽约联储的卢布克表示,这种场外交易市场中的'结构性缺陷'在去年雷曼兄弟和贝尔斯登破产前几个星期里格外明显:'每家银行都经历了巨大的流动性流出……如果进入破产程序,它们的买方交易对手不愿损失它们的初始保证金。'"

③ 由于应收或应付给交易对手的净抵押金额是以前一天的头寸为依据而每日另算的,并且任何这种现金流通常是在计算出来后的第二天才转移的,在场外衍生品交易头寸被消除的日期和相关的抵押资金实际归还日期之间会有至少两天的滞后。

④ 参见 New York Federal Reserve Bank(2009)。

⑤ 参见 ISDA, MFA 和 SIFMA(2009)第 7 页。

⑥ 这一门槛有时会采用短期信用评级,当短期信用评级降至"优质"以下时要缴纳额外保证金,所谓"优质"即穆迪评级的 P1 级或标准普尔的 A1 级。

⑦ 雷曼破产后,这一事件法律处理程序记录在了 Lehman Bank-ruptcy Docket(2008a)以及 Lehman Bankruptcy Docket(2008b)中。Lehmancreditors.com 提供了相关的备忘录。雷曼破产中的衍生品处理情况,参见 Summe(2010)。交易商银行大部分是参照 ISDA 2002 年互换交易主协议的标准条款来进行的。这个 2002 年标准协议较 1992 年的协议而言,在结束头寸的重置定价上更为灵活;而 1992 年的协议则以第三方报价作为违约结算索偿权的依据。有一些场外衍生品交易对手则仍然沿用 1992 年版协议。

⑧ 参见 http://www.occ.treas.gov/deriv/deriv.htm。

⑨ 参见 Wall,Tallman 和 Abken(1996)。

⑩ Yavorsky(2008:9)写道:"在 9 月 13—14 日的这个周末里,随着雷曼违约的可能性渐渐变大,主要的信用违约互换交易对手,包括交易商银行、对冲基金和其他买方公司,安排了一场紧急的'雷曼风险降低交易时段'(Lehman Risk Reduction Trading Session)。这个活动的目的在于确认雷曼兄弟作为交易对手参与的衍生品交易清单,包括信贷、股权、利率、固定收益和商品衍生品,并绕过雷曼而彼此重置交易来结束原来的合约。根据 IS-DA 起草的一份议定书,重置交易在雷曼实际申请破产时生效。很多市场参与者说,这个活动仅仅重置了所有余额中相对有限的部分。这一点也部分反映对这些交易的新价格认定并达成一致的难度,因为参与者自然地想到在接下来的周一价格会剧烈

地波动(如利差的扩大、股票价格的狂跌等等)。它也同样反映了在有限的时间里进行涉及多个交易对手的大规模重置交易的难度。因此,许多交易必须在其后的几天甚至几周里进行重置,而信用违约互换保护的价格在当时已经水涨船高。"

⑪ 这种触发机制被称为"因合并产生的信用事件"(credit event upon merger),尽管它并不涉及合并。

⑫ 参见 Bank for International Settlements (2007)、Bliss 和 Steigerwald(2006)、Duffie 和 Zhu(2009)、Hills 等人(1999)及 Ledrut 和 Upper(2007)。

⑬ 在雷曼破产后,Global Association of Central Counterparties (2009)描述了中央对手方在结束与雷曼的衍生品交易或对其衍生品头寸进行约务更替时的表现。

⑭ 参见纽约联邦储备银行网站上 2009 年 6 月的《一级交易商头寸、交易和融资周报》(Weekly Release of Primary Dealer Positions, Transactions, and Financing as of June 2009)。J. A. 艾特肯(J. A. Aitken)告诉我这些数据出处,我对此非常感激。

⑮ Valukas(2010)的报告说,由于对"105 回购"(Repo 105)交易计算不准确,雷曼实际的杠杆比率比起它公开披露的数据要大很多。这种交易有效地增加了资产和负债,但没有反映在交易记录中。

⑯ Valukas(2010:1092—1093)写道:"但是,摩根大通投资银行的执行董事克雷格 · 德拉尼(Craig Delany)说,在三方回购确定折

扣率时,投资者通常会先看交易对手(即经纪商或交易商),再看抵押品。换句话说,如果投资者其交易对手的能力深表怀疑时,折扣的优势也许并不足以吸引它们。"

⑰ 在美国,货币市场基金通常遵循证券交易委员会的条例 2a-7 (Rule 2a-7)。该条例对回购交易对手无法履约时,货币市场基金允许持有和必须立即变卖的抵押品的种类有着非常严格的限制。这条规则的原文参见辛辛那提大学法学院出版的《证券律师手册》(*Securities Lawyers Deskbook*),在 http://www.law.uc.edu/CCL/InvCoRls/rule2a-7.html。

⑱ Fisher(2008)声称:"我也认为以回购为基础的融资形式的流行有助于解释为何去杠杆化会使流动性的剧减和资产价格的陡降来得如此突然并且持续这么长的时间。"Ewerhart 和 Tapking (2008)以及 Hordahl 和 King(2008)评述了金融危机时期回购市场的行为。Gorton(2010)对金融危机前后的各种证券的折扣率做了估计。2007 年 7 月,投资级别和非投资级别的公司债券和结构化信用产品的折扣率是 2% 或以下。自 2008 年第二季度起,Gorton(2010)的数据表明有一些证券已不能在回购市场融资,其他许多证券的折扣率升到了 20% 或以上。

⑲ 参见英国金融服务局(Financial Services Authority,2009)和高盛 2010 年 2 月 22 日 10K 报告(2009 年底的数据)中关于流动性风险管理的部分。

⑳ 这些授信便利包括了单层级 OMO 项目(Single-Tranche OMO

Program）、定期贴现窗口计划（Term Discount Window Program）、定期拍卖便利（Term Auction Facility）、2008 年 9 月 21 日宣布的过渡性信用展期（transitional credit extensions）、一级交易商信用便利（Primary Dealer Credit Facility）、定期融券便利（Term Securities Lending Facility）、商业票据基金便利（Commercial Paper Funding Facility）以及定期资产支持证券贷款便利（Term Asset-Backed Securities Loan Facility）。

㉑ Valukas（2010：4：1396）指出："复杂的是，尽管一级交易商信用便利（PDCF）是为了减轻对某家投资银行信心缺失而导致的流动性流失的现象，PDCF 的运用却被视为一个可能会自身引发对雷曼或对整个市场信心丧失的事件。雷曼兄弟资本市场大宗经纪服务部（Lehman Brothers Capital Markets Prime Services）的一份报告抓住了对 PDCF 的一种普遍的批评：'尽管美联储努力地隐藏交易路径并保证匿名，向 PDCF 借款并不光彩。一级交易商将 PDCF 视为最后的救命稻草，只有在耗尽所有其他融资来源后才将证券用于 PDCF 融资。因为这个原因，自从（贝尔斯登的）并购结束后，PDCF 项下的借款便就此蒸发。'"

㉒ 美国 1934 年《证券交易法案》（Securities and Exchange Act）第 15c3-2 条"客户自由信用余额"（Customers' Free Credit Balances），规定："任何经纪商或交易商都不能动用与它们有业务联系的客户账户上的自由信用余额，除非经纪商或交易商建立了合适的程序并使自由信用余额被动用的客户都能收到一封书

面声明。这份书面声明包含关于经纪商或交易商在声明签署日所欠客户的数额的通知,即包含关于如下书面通知:(a)这些资金未隔离并有可能用于经纪商或交易商自身的经营活动;(b)如果客户需要,可以立即归还。这样的声明或独立存在或作为对账单的一部分与客户的对账单一同寄到,不论何时寄但每3个月不少于一封。但是,这个规定并不适用于本身由州或联邦监管当局监管的银行业机构。在此条款中,客户是指除经纪商或交易商以外的任何人。"

㉓ 参见美国证券交易委员会(Securities and Exchange Commission,2002)。

㉔ 参见 Farrell(2008)、Mackintosh(2008)以及 Singh 和 Aitken(2009)。Aragon 和 Strahan(2009)估计了主经纪商为雷曼兄弟的对冲基金在雷曼倒闭事件中所受的伤害。

㉕ Singh 和 Aitken(2009)强调最近可用的可再抵押的证券抵押品的减少,可能会导致系统性的抵押品缺失,并进一步导致流动性问题。

㉖ 我指的是 King 等人(2008)及 Hintz,Montgomery 和 Curotto(2009)。

㉗ 参见 Devasabai(2009)。

㉘ Valukas(2010:4:1093)写道:"作为经纪交易商三方回购的代理人,摩根大通实际上是它们的日间三方贷款人。当摩根大通在上午付现金给三方回购协议的投资者并在其经纪交易商账户中收

到抵押品(作为现金贷款的担保)时,它在当天营业时间内承担的
风险与三方隔夜回购业务中贷款人承担的风险是很相似的。如
果一家像雷曼兄弟国际这样的经纪交易商在日间违约的话,摩根大
通就需要变卖雷曼抵押在这里的证券资产以收回早间的贷款。"

㉙ Valukas(2010:4:1093)指出:"摩根大通使用一种叫做净自由股
权(Net Free Equity, NFE)的方法来衡量三方和其他清算敞口。
在最简单的公式中,NFE 等于雷曼抵押给摩根大通的证券市值
加上摩根大通给雷曼的无担保信用额度再减去摩根大通给雷曼
的现金贷款。NFE 大于零意味着雷曼还没有用完其在摩根大
通的可用信用额度。NFE 的方法也使得摩根大通在交易日可
以随时监测其对雷曼的风险头寸,及时评估雷曼提交的抵押品
价值——这些抵押品价值的变化也会产生不希望出现的信用敞
口。如果一笔交易可能使雷曼的 NFE 值小于零,那么这笔交易
就不能获批。2008 年 2 月,摩根大通在计算 NFE 值时给雷曼
提交的抵押债券按面值计算,并没有为有效的日间三方回购协
议贷方而要求一定的折扣。结果,2008 年 2 月,摩根大通没有
要求雷曼为日间贷款提供保证金,而在隔夜贷款中投资者须向
摩根大通提交保证金。"

㉚ 沃卢卡斯解释了雷曼自身标注了抵押品价值的事实。这些抵押
品通常是以担保债务凭证(CDOs)的形式出现的,至少在摩根大
通的眼里,这些抵押品的真正价值是值得怀疑的。

㉛ 在雷曼以商业票据和中期票据借款的项目中,它同样给纽约梅

隆银行带来了一些日间风险敞口。

㉜ Dey 和 Fortson（2008）［亦见 Teather（2008）及 Craig 和 Sidel（2008）］写道："这家大型美国银行（摩根大通）据称在雷曼倒闭前的星期五晚上冻结了本属于雷曼的 170 亿美元（96 亿英镑）。"Sender（2009）写道："除了充当清算机构之外，摩根大通也是雷曼的上百亿美元衍生品的最大交易对手。在这些交易中，每一方都会在当晚加总其净风险头寸，当金额超过某一确定阈值时要求其交易对手增加抵押。根据协议，如果雷曼违约，这些交易就会自动停止，而这一阈值由摩根大通来决定。8 月 26 日，摩根大通重新激活了与雷曼的信用合约，这样其母公司就能担保其在经纪交易商（摩根大通）的债务并提供相应的抵押债券……后来，了解此事的人说，9 月 4 日，摩根大通简略地看了一下即将发布的雷曼的盈利结果并被告知有 40 亿美元的损失。5 天后，摩根大通与雷曼签署了另外一份协定，雷曼母公司的担保不仅覆盖了倒闭的这家经纪交易商还包括雷曼集团的所有实体以及包括衍生品在内的所有交易……。债权人委员会指控摩根大通在 2008 年 9 月的前两周向雷曼收取了 170 亿美元的抵押品。一份代表非担保债权人的文件档案表明，就在雷曼破产申请前的星期五，雷曼控股公司在摩根大通那里至少有 170 亿美元的现金和证券资产，这些资产后来被摩根大通冻结了。这份文件说：'摩根大通拒绝解冻这些资产让雷曼及其附属机构使用可能是雷曼流动性紧张并最后导致破产申请的重要原因。'"

第4章　受困银行的资本重组

① 参见 Raviv(2004)、HM Treasury(2009)及 Portes(2009)。

② 参见 Bernanke(2009b)及 Dudley(2009)。

③ 花旗银行在 2007 年第四季度的核心资本充足率是 7.1%，参见
http://seekingalpha.com/article/115374-citigroup-inc-q4-2008-
earnings-call-transcript?page＝1。

④ 参见 www.citibank.com/citi/fin/data/090807a.pdf。

⑤ 我对维拉尔·阿查里亚(Viral Acharya)的这个提议表示感谢。
斯图尔特·迈尔斯(Stewart Myers)评论道，如果应急资本被信
用违约互换(CDS)的投资者认为是有效的，那么 CDS 的价格就
会对资本的减少并不那么敏感，这提示了这种方法存在的问题。

⑥ 这种可能性是乔·格伦德费斯特(Joe Grundfest)向我提出的。

⑦ 更多细节，请参见 Duffie(2010)。

⑧ 我谨对彼得·德马佐(Peter DeMarzo)提出这个方法表示感激，
它亦是我们二人近来正在进行的研究课题的主题。

第5章　改进金融监管与加强市场基础设施建设

① 亦见 Bernanke(2009a)、Tuckman(2010)及 Payments Risk
Committee(2009)。

② 参见 Bank for International Settlements(2009b)、Payments
Risk Committee(2009)及 Tuckman(2010)。

参考文献

Abate, Joseph. "Money Markets: Tri-party Repo Concerns." Barclays Capital, Research, U. S. Economics & Rates, Strategy, March 12, 2009.

Akerlof, George. "The Market for 'Lemons': Quality Uncertainty and the Market Mechanism." *Quarterly Journal of Economics* 84, no. 3(1970):488-500.

Aragon, George O. , and Philip E. Strahan. "Hedge Funds as Liquidity Providers: Evidence from the Lehman Bankruptcy." Working paper, Boston College, August 26, 2009.

Bank for International Settlements. "New Developments in Clearing and Settlement Arrangements for OTC Derivatives." Technical report, Bank for International Settlements (BIS), Basel, March 2007. Available at www. bis. org/publ/cpss77. htm.

——. a. "OTC Derivatives Market Activity in the Second Half of 2008." BIS Monetary and Economic Department, Basel, May 2009. Available at www. bis. org/publ/otc_hy0905. pdf.

——. b. "The Role of Valuation and Leverage in Procyclicality." BIS, April 2009. Available at www. bis. org/publ/cgfs34. pdf.

Barr, Alistair. a. "Bear Stearns' Credit Hedge Funds Almost Wiped Out: Leveraged Fund Worth Nothing; 'Very Little Value' Left in Larger Fund, Letter Says." *MarketWatch*, July 18, 2007. Available at www. marketwatch. com/story/bear-credit-hedge-funds-almost-wiped-out-sources-say.

——. b. "Bear to Lend $3. 2 Bln to One of Its Hedge Funds—But Bank Doesn't Lend Money to Other, More Leveraged, Hedge Fund." *MarketWatch*, June 22, 2007. Available at www. marketwatch. com/story/bear-to-lend-up-to-32-bln-to-troubled-hedge-fund-it-runs.

Basel Committee on Banking Supervision. "International Framework for Liquidity Risk Measurement, Standards and Monitoring." Technical Report, Bank for International Settlements, December 2009. Available at www. bis. org/publ/bcbs165. pdf.

Bernanke, Ben. "Reducing Systemic Risk." Speech presented at the Federal Reserve Bank of Kansas City's Annual Economic Symposium, Jackson Hole, Wyoming, August 22, 2008.

——. a. "Financial Reform to Address Systemic Risk." Speech presented to the Council on Foreign Relations, March 10, 2009.

Bernanke, Ben. b. "Financial Regulation and Supervision after the Crisis: The Role of the Federal Reserve." Remarks given at the Federal Reserve Bank of Boston 54th Economic Conference, October 13, 2009.

Bliss, Robert R. "Resolving Large Complex Financial Organizations." Pp. 3-31 in George G. Kaufman, ed., *Market Discipline in Banking: Theory and Evidence*, vol. 15. Amsterdam: Elsevier Press, 2003.

Bliss, Robert R., and George G. Kaufman. "U. S. Corporate and Bank Insolvency Regimes: An Economic Comparison and Evaluation." Working Paper WP-06-01, Federal Reserve Bank of Chicago, 2006.

Bliss, Robert R., and Robert Steigerwald. "Derivatives Clearing and Settlement: A Comparison of Central Counterparties and Alternative Structures." *Economic Perspectives* 30, no. 4(2006):22-29.

Boot, Arnoud, Todd Milbourn, and Anjun Thakor. "Megamergers and Expanded Scope: Theories of Bank Size and Activity Diversity." *Journal of Banking and Finance* 23, no. 2(1999):195-214.

Brunnermeier, Markus K. , and Lasse Heje Pedersen. "Market Liquidity and Funding Liquidity. " *Review of Financial Studies* 22, no. 6(2008):2201-38.

Bulow, Jeremy, and Paul Klemperer. "Reorganising the Banks: Focus on the Liabilities, Not the Assets. " Web comment, March 21, 2009. Available at www. voxeu. org/index. php? q= node/3320.

Burroughs, Bryan. "Bringing Down Bear Stearns. " *Vanity Fair*, August 2008, pp. 106-11.

Cassola, Nuno, Ali Hortacsu, and Jakub Kastl. "Effects of the Subprime Market Crisis on the Primary Market for Liquidity. " Working paper, Stanford University, Economics Department, November 2008.

CNBC. "Citigroup to Bail Out Internal Hedge Fund. " CNBC. com, February 23, 2008. Available at www. cnbc. com/id/ 23308202.

Cohan, William D. *House of Cards*. New York: Doubleday, 2009.

Committee on the Global Financial System. "The Role of Margin Requirements and Haircuts in Procyclicality. " CGFS Paper Number 36, Bank for International Settlements, Basel, March 2010.

Craig, Susanne, and Robin Sidel. "J. P. Morgan Made Dual Cash

Demands. " *Wall Street Journal*, October 8, 2008. Available at http://online. wsj. com/article/SB122342716816213665. html.

Culp, Christopher L. "Contingent Capital Versus Contingent Reverse Convertibles for Banks and Insurance Companies. " *Journal of Applied Corporate Finance* 20, no 4(2009):19-27.

DeMarzo, Peter, and Darrell Duffie. "A Liquidity-Based Model of Security Design. " *Econometrica* 67, no. 1(1999):65-99.

Devasabai, Kris. "A New Model. " *International Custody & Fund Administration*, January 22, 2009. Available at http://ic-famagazine. com/public/showPage. html? page ＝ icfa＿display＿feature&tempPageId＝836072.

Dey, Iain, and Danny Fortson. "J. P. Morgan 'Brought Down' Lehman Brothers. " *London Times*, Sunday Edition, October 5, 2008.

Diamond, Douglas W. , and Philip H. Dybvig. "Bank Runs, Deposit Insurance, and Liquidity. " *Journal of Political Economy* 91, no. 3(1983):401-19.

Dudley, William. "Some Lessons from the Crisis. " Remarks made at the Institute of International Banks Membership Luncheon, New York, October 13, 2009.

Duffie, Darrell. "A Contractual Approach to Resructuring Financial Institutions. " Pp. 109-24 in Kenneth Scott and John Taylor, eds. , *Ending Government Bailouts as We Know Them.* Stanford: Hoover Press, 2010.

Duffie, Darrell, Ada Li, and Theo Lubke. "Policy Perspectives on OTC Derivatives Market Infrastructure." Technical Report 424, Federal Reserve Bank of New York, January 2010.

Duffie, Darrell, and Haoxiang Zhu. "Do Central Clearing Counterparties Reduce Counterparty Risk?" Working paper, Stanford Unviversity, Graduate School of Business, March 2009. Available at www. stanford. edu/~duffie/DuffieZhu. pdf.

Edwards, Franklin, and Edward R. Morrison. "Derivatives and the Bankruptcy Code: Why the Special Treatment?" *Yale Journal on Regulation* 22, no. 1(2005):91-122.

Ewerhart, Christian, and Jens Tapking. "Repo Markets, Counterparty Risk, and the 2007/2008 Liquidity Crisis." Working Paper 909, European Central Bank, Frankfurt, 2008.

Farrell, Sean. "Hedge Funds with Billions Tied Up at Lehman Face Months of Uncertainty." *The Independent*, October 6, 2008. Available at www. independent. co. uk/news/business/news/hedge-funds-with-billions-tied-up-at-lehman-face-months-of-uncertainty-952586. html.

Financial Services Authority. "Strengthening Liquidity Standards." Technical report, Financial Services Authority, London, October 2009. Available at www. fsa. gov. uk/pubs/policy/ps09_16. pdf.

Fisher, Peter. "Comments on Franklin Allen and Elena Carletti 'The Role of Liquidity in Financial Crises'. " Jackson Hole Conference, Wyoming, August 2008. Available at www. kc. frb. org/publicat/sympos/2008/fisher. 09. 01. 08. pdf.

Flannery, Mark J. "No Pain, No Gain? Effecting Market Discipline via Reverse Convertible Debentures. " Pp. 171-96 in Hal S. Scott, ed. , *Capital Adequacy Beyond Basel: Banking, Securities, and Insurance*. Oxford: Oxford University Press, 2005.

Flannery, Mark J. "Market-Valued Triggers Will Work for Contingent Capital Instruments. " Solicited Submission to U. S. Treasury Working Group on Bank Capital, 2009.

Geanakoplos, John. "Liquidity, Default, and Crashes, Endogenous Contracts in General Equilibrium. " Pp. 170-205 in M. Dewatripont, L. P. Hansen, and S. J. Turnovsky, eds. , *Advances in Economics and Econometrics: Theory and Applications, Eighth World Conference, Volume Ⅱ*, Econometric Society Monographs. Cambridge: Cambridge University Press, 2003.

Geithner, Timothy. "Reducing Systemic Risk in a Dynamic Financial System. " Remarks made at the Economic Club of New York, June 9, 2008. Available at www. bis. org/review/r080612b. pdf.

Global Association of Central Counterparties. "Central Counterparty Default Management and the Collapse of Lehman Brothers. "

Technical report, CCP12, The Global Association of Central Counterparties, London, 2009.

Goldman Sachs and Company. "Goldman Sachs and Various Investors Including C. V. Starr & Co. , Inc. , Perry Capital LLC and Eli Broad Invest $3 Billion in Global Equity Opportunities Fund. " Goldman Sachs press release, August 13, 2007. Available at www2. goldmansachs. com/our-firm/press/press-releases/archived/ 2007/2007-08-13. html.

Goldstein, Steve. "HSBC to Provide $35 Billion in Funding to SIVs—Citigroup Reportedly Under Pressure to Move Securities onto its Balance Sheet. " *MarketWatch*, November 27, 2007. Available at www. marketwatch. com/story/hsbc-to-provide-35-billion-in-funds-to-structured-vehicles.

Gorton, Gary. *Slapped in the Face by the Invisible Hand: The Panic of 2007*. New York: Oxford University Press, 2010.

Hart, Oliver, and John Moore. "Default and Renegotiation: A Dynamic Model of Debt. " *Quarterly Journal of Economics* 113, no. 1(1998):1-41.

Herring, Richard. "Wind-down Plans as an Alternative to Bailouts: The Cross Broder Challenges. " Pp. 125-62 in Kenneth Scott and John Taylor, eds. , *Ending Government Bailouts as we Know Them*. Stanford: Hoover Press, 2010.

Hills, Bob, David Rule, Sarah Parkinson, and Chris Young. "Central Counterparty Clearing Houses and Financial Stability." *Financial Stability Review*, Bank of England, 6, no. 2 (1999): 122-34.

Hintz, Brad, Luke Montgomery, and Vincent Curotto. "U. S. Securities Industry: Prime Brokerage, A Rapidly Evolving Industry." Bernstein Research, March 13, 2009.

HM Treasury. "Risk, Reward and Responsibility: The Financial Sector and Society." Technical report, HM Treasury, December 2009. Available at www. hm-treasury. gov. uk/d/fin_finsectorandsociety. pdf.

Hordahl, Peter, and Michael R. King. "Developments in Repo Markets During the Financial Turmoil." *BIS Quarterly Review*, December 2008. pp. 37-52. Available at www. bis. org/publ/qtrpdf/r_qt0812e. pdf.

Horwitz, Jeff. "Wachovia's End." *American Banker*, October 13, 2009. Available at http://www. americanbanker. com/news/wachovias_end-1002613-1. html.

Innes, Robert. "Limited Liability and Incentive Contracting with Ex-Ante Choices." *Journal of Economic Theory* 52, no. 1 (1990): 45-67.

International Swaps and Derivatives Association (ISDA). "User's

Guide to the 2004 ISDA Novation Definitions. " ISDA technical document, New York, 2004.

——. "ISDA Margin Survey 2009. " ISDA technical document, New York, 2009.

——. "The Bankruptcy Code Swap Safe Harbor Overview. " ISDA, New York, January 2010.

ISDA, MFA, and SIFMA. "Independent Amounts. " Technical report, International Swaps and Derivatives Association, Managed Funds Association, and Securities Industry and Financial Markets Association, October 2009.

Jackson, Thomas H. "Chapter 11F: A Proposal for the Use of Bankruptcy to Resolve Financial Institutions. " Pp. 217-52 in Kenneth Scott and John Taylor, eds. , *Ending Government Bailouts as We Know Them*. Stanford: Hoover Press, 2010.

Jackson, Thomas H. , and David A. Skeel. "Bankruptcy, Banks, and Non-Bank Financial Institutions. " Draft prepared for Wharton Financial Institutions Center Workshop, "Cross-Border Issues in Resolving Systemically Important Financial Institutions," February 8, 2010.

Jensen, Michael, and William Meckling. "Theory of the Firm: Managerial Behavior, Agency Costs, and Ownership Structure. " *Journal of Financial Economics* 3, no. 4(1976):305-60.

Kanatas, George, and Jianping Qi. "Integration of Lending and Underwriting: Implications of Scope Economies." *Journal of Finance* 58, no. 3(2003):1167-91.

Kelly, Kate. "Fear, Rumors Touched Off Fatal Run on Bear Stearns." *Wall Street Journal*, May 28, 2008. Available at http://s. wsj. net/article/SB121193290927324603. html.

King, Matt. "Are the Brokers Broken?" Technical report, Citi, European Quantitative Credit Strategy and Analysis, September 2008.

King, Matt, Michael Hampden-Turner, Peter Goves, and Hans Lorenzen. "Where Should Hedge Funds Keep Their Cash?" Citi, European Quantitative Credit Strategy and Analysis, October 2008.

Krimminger, Michael. "The Evolution of U. S. Insolvency Law for Financial Market Contracts." Federal Deposit Insurance Corporation, June 13, 2006.

Kroener, William. "Expanding FDIC-Style Resolution Authority." Pp. 179-88 in Kenneth Scott and John Taylor, eds., *Ending Government Bailouts as We Know Them*. Stanford: Hoover Press, 2010.

Ledrut, Elisabeth, and Christian Upper. "Changing Post-Trading Arrangements for OTC Derivatives." *BIS Quarterly Review*

(December 2007):83-95.

Lehman Bankruptcy Docket. a. "Notice of Debtors' Motion for an Order Pursuant to Sections 105 and 365 of the Bankruptcy Code to Establish Procedures for the Settlement or Assumption and Assignment of Prepetition Derivative Contracts Fed Seeks End to Wall Street Lock on OTC Derivatives." Docket Number 1498, November 13, 2008. U. S. Bankruptcy Court for the Southern District of New York (http://www.nysb.uscourts.gov).

——. b. "Order Pursuant to Sections 105 and 365 of the Bankruptcy Code to Establish Procedures for the Settlement or Assumption and Assignment of Prepetition Derivative Contracts." Docket Number 2257, December 16, 2008.

Leising, Matthew. "Fed Seeks End to Wall Street Lock on OTC Derivatives." Bloomberg.com, May 6, 2009. Available at www.bloomberg.com/apps/news?pid = 20601087&sid = adyRr4PP035U.

Leland, Hayne, and David Pyle. "Informational Asymmetries, Financial Structure, and Financial Intermediation." *Journal of Finance* 32, no. 2(1977):371-87.

Macey, Jonathan. "Are Bad Banks the Solution to a Banking Crisis?" Unpublished paper, Cornell University, SNS Occasional Paper Number 82, 1999. Available at http://ideas.repec.org/

a/eee/jfinec/v54y1999i2p133-163. html.

Mackintosh, James. "Lehman Collapse Puts Prime Broker Model in Question." *Financial Times*, September 24, 2008. Available at www. ft. com/cms/s/0/442f0b24-8a71-11dd-a76a-0000779fd18c. html.

Moyer, Liz. "Citigroup Goes It Alone to Rescue SIVs." *Forbes*, December 13, 2007. Available at www. forbes. com/2007/12/13/citisiv-bailout-markets-equity-cx_lm_1213markets47. html.

Myers, Stewart. "The Capital Structure Puzzle." *Journal of Finance* 39, no. 4(1977):575-592.

New York Federal Reserve Bank. "Report to the Supervisors of the Major OTC Derivatives Dealers on the Proposals of Centralized CDS Clearing Solutions for the Segregation and Portability of Customer CDS Positions and Related Margin." New York Federal Reserve, June 30, 2009.

Offce of the Comptroller of the Currency. "OCC's Quarterly Report on Bank Trading and Derivatives Activities: Second Quarter 2009." Technical report, US Department of the Treasury, Washingon, D. C. , second quarter, 2009.

Payments Risk Committee. "Task Force on Tri-Party Repo Infrastructure Progess Report." New York, December 22, 2009.

Portes, Jonathan. "Risk, Reward and Responsibility: The Financial Sector and Society." Technical report, VOX, December 2009.

Available at www. voxeu. org/index. php?q=node/4417.

Raviv, Alon. "Bank Stability and Market Discipline: Debt-for-Equity Swap versus Subordinated Notes. " Technical report, Brandeis University, August 13, 2004.

Securities and Exchange Commission. "Rule 15c3-3: Reserve Requirements for Margin Related to Security Futures Products. " 17 CFR Parts 200 and 240 [Release No. 34-50295; File No. S7-34-02] RIN 3235-AI61, 2002.

Sender, Henny. "Lehman Creditors in Fight to Recover Collateral. " *Financial Times*, June 21, 2009. Available at www. ft. com/cms/s/0/909ba63c-5e99-11de-91ad -00144feabdc0. html.

Singh, Manmohan, and James Aitken. "Deleveraging after Lehman—Evidence from Reduced Rehypothecation. " Unpublished. Working Paper WP/09, International Monetary Fund, 2009.

Skeel, David A. "Markets, Courts, and the Brave New World of Bankruptcy Theory. " *Wisconsin Law Review* 2(1993):465-521.

Squam Lake Working Group on Financial Regulation. *The Squam Lake Report: Fixing the Financial System.* Princeton, Princeton University Press, 2010.

Summe, Kimberly. "Lessons Learned from the Lehman Bankruptcy. " Pp. 59-105 in Kenneth Scott and John Taylor, eds. , *Ending Government Bailouts as We Know Them.* Stanford: Hoover

Press, 2010.

Teather, David. "Banking Crisis: Lehman Brothers: J. P. Morgan Accused over Bank's Downfall. " *The Guardian*, October 6, 2008. Available at http://www. guardian. co. uk/business/2008/oct/06/jpmorgan. lehmanbrothers.

Tucker, Paul. "The Repertoire of Official Sector Interventions in the Financial System: Last Resort Lending, Market-Making, and Capital. " Speech delivered to the Bank of Japan 2009 International Conference on Financial System and Monetary Policy: Implementation, Bank of Japan, Tokyo, May 27-28, 2009.

———. "Shadow Banking, Capital Markets and Financial Stability. " Speech delivered at BGC Partners Seminar London, January 21, 2010. Available at www. bankofengland. co. uk/publications/speeches/2010/speech420. pdf.

Tuckman, Bruce. "Systemic Risk and the Tri-Party Repo Clearing Banks. " Center For Financial Stability, New York, February 2010.

UBS. "Shareholder Report on UBS's Writedowns . " UBS, Zurich, April 18, 2008.

Valukas, Anton. "Report of Anton R. Valukas, Examiner. " Vol. 4, In re Lehman Brothers Holdings Inc. , Debtors, March 2010.

Wall, Larry D. , Ellis W. Tallman, and Peter A. Abken. "The Impact of a Dealer's Failure on OTC Derivatives Market Liquidity during Volatile Periods. " Working paper 96-6, Federal Reserve Bank of Atlanta, Georgia, 1996.

Williamson, Christine. "Hedge Fund Ranking Reveals Nasty Scars from Financial Crisis. " *Pensions and Investments*, March 8, 2010.

Yavorsky, Alexander. "Credit Default Swaps: Market, Systemic, and Individual Firm Risks in Practice. " Moody's Finance and Securities, Investor Report, Special Comment, Moody's Investor Services, October 2008.

图书在版编目(CIP)数据

论大银行的倒掉/(美)达菲著;欧明刚译. —上海:格致出版社:上海人民出版社,2012
ISBN 978 - 7 - 5432 - 2148 - 2

Ⅰ. ①论… Ⅱ. ①达… ②欧… Ⅲ. ①商业银行-风险管理-研究 Ⅳ. ①F830.33

中国版本图书馆 CIP 数据核字(2012)第 176173 号

责任编辑　王　萌
美术编辑　路　静

论大银行的倒掉

[美]达雷尔·达菲　著

欧明刚　译

出　　版　世纪出版集团　格 致 出 版 社
　　　　　www.ewen.cc　www.hibooks.cn
　　　　　　　　　　　上海人   出   社

（200001　上海福建中路193号24层）

编辑部热线 021-63914988
市场部热线 021-63914081

发　　行　世纪出版集团发行中心
印　　刷　上海市印刷十厂有限公司
开　　本　787×1092毫米　1/16
印　　张　8.25
插　　页　4
字　　数　81,000
版　　次　2012 年 8 月第 1 版
印　　次　2012 年 8 月第 1 次印刷
ISBN 978 - 7 - 5432 - 2148 - 2/F · 562
定　　价　28.00 元

本书根据 Princeton University Press 2010 年英文版译出
2012 年中文版专有出版权属格致出版社
本书授权只限在中国大陆地区发行
版权所有　翻版必究
上海市版权局著作权合同登记号：图字 09-2011-110 号